마음이 고장 났어도
고치면 그만이니까

일러두기
1. 저자의 경험과 감정을 독자에게 최대한 있는 그대로 전달하고 글의 재미를 살리기 위해 표기와 맞춤법에 예외를 둔 부분이 있습니다.
2. 일부 에피소드는 〈한국일보〉 취재와 보도를 통한 것입니다.
3. 저작권 허가를 받지 못한 일부 작품과 자료 등에 대해서는 추후 저작권이 확인되는 대로 절차에 따라 계약을 맺고 그에 따른 저작권료를 지불하겠습니다.

차례

추천의 말   7
프롤로그: 정적인 활동을 동적으로 하는 사람   13

1장
그냥 부지런히 마음을 돌봤을 뿐인데

F코드 진단 후 초코우유를 사 먹었다   21
마음건강 전문가 '마와리' 돌기   31
유리멘탈인데 기자 할 수 있나요?   48
시간 낭비 서비스로 마음돌봄 실천하기   64

2장
세상은 넓고 내 마음 맡겨볼 곳은 많다

심리검사 도장 깨기   87
이걸 돈 주고 한다고?   116
요즘 AI 심리상담이 유행이라면서요?   160

모태 '흥거지'의 어설픈 '두둠칫'	170
악플로 상처받은 마음 세탁하기	187

3장

마음돌봄 덕질을 하다 보니 자격증 컬렉터가 됐다

혹시 '증'이 있으세요? 전 있어요, 요가 자격증	203
혹시 '증'이 있으세요? 전 있어요, MBTI 자격증	228
증 없어서 또 공부하러 갑니다	246

에필로그: 날 살린 건 다정함이었다	259
감사의 말	273
참고 자료	276

추천의 말

3년 전, 손성원 작가(나에겐 일명 '에코' 님)가 마음돌봄 뉴스레터 '터치유'를 시작하던 날을 기억한다. '사이드'에서 함께 각자의 사이드 프로젝트를 기획하며, 기자로 일하는 동시에 요가를 하고, 마음을 위한 다양한 활동을 꾸준히 이어가는 모습이 인상 깊었다. 그 시작을 함께 축하하고 응원하던 시간이 엊그제 같은데, '터치유'는 어느새 하나의 브랜드로 성장했고, 이제 그 시간들이 한 권의 책으로 묶여 우리 앞에 놓였다.

마음이 내 마음 같지 않을 때는 누구에게나 찾아온다. 그때 우리는 부서진 마음을 외면할 수도 있고 조금씩 들여다보며 회복을 선택할 수도 있다. 손성원 작가는 후자를 택하며 성실하고 유쾌하게, 그리고 무엇보다 꾸준하게 자기 마음을 돌봐왔다. 이 책은 그 여정을 고스란히 담아낸, 진솔하고 단단한 기록이다.

바깥의 정답보다 스스로의 기준을 찾아가고 싶은 사람에게, 자기만의 속도와 방식으로 마음을 돌보고 싶은 이에게 이 책은 조용히 손을 내밀어줄 것이다. 한발 느려도 괜찮다고, 스스로에게 조금 더 다정해지자고.

_정혜윤(다능인 플랫폼 '사이드' 내비게이터, 《독립은 여행》 저자)

"정신과에는 어떤 사람들이 와요?"

정신과 의사로 일하는 지난 15년간 셀 수 없이 많이 들은 질문이다. 호의를 품고 던지는 질문일 때가 많지만, 그 안에는 한국 사회의 뿌리 깊은 편견이 숨어 있기도 하다. 정신과 진료를 받는 사람은 일반인과 다른, 이상한 사람일 것이라는 시선. 사람들과 어울리지 못하고 취업도 제대로 못 할 것이고, 말 그대로 나쁜 환경 속에 있을 것이란 생각들. 이는 말 그대로 편견이다. 좋은 가정에서 자라 좋은 성적을 거둬 명문대를 나오고 좋은 직장이라 불리는 대기업에 다니고 있지만 정신적 고통 속에 있는 사람들을 나는 매일 만난다. 혹독한 경쟁을 이겨내고 성취를 이뤄낸 후에도 계속 부족하다 느끼며 자신을 몰아붙인 결과 우울과 불안, 공허함에 시달리는 사람들. 그들의 고통에 한국 사회는 이렇게 말한다.

'대체 네가 왜 힘들어? 부족한 게 뭐가 있다고? 겨우 그런 문제로 우울증이라고?'

고통에도 자격이 있어야 한다고 여기며 고통의 크기마저 줄 세운다. 힘든 마음을 있는 그대로 인정해주고, 무엇이 문제일지, 어떻게 하면 좋을지 같이 바라보면 좋을 텐데, 이게 왜 그리 힘든 일일까. 이러한 사회 분위기 때문에 우리나라에서는 정신질환이 발생했음에도 실제 치료까지 이어지는 비율이 15퍼센트 미만으로 전 세계 선진국들 가운데 압도적으로 낮다. 정말 완전히 무너진 후에야 병원에 오는 경우가 허다하다. 온갖 질병을 예방하고 조기 진단하기 위해 최선을 다하면서 왜 신체에서 가장 크고 중요한 '뇌'라는 장기에 대해선 이렇게 가혹한 걸까.

마음이 아플 땐 마음을 돌봐야 한다. 혼자만의 돌봄으로 잘 회복되지 않는다고 느낄 땐 전문가의 도움을 받아야 한다. 전문가도 진짜 전문가를 만나야 한다. "진짜 환자는 이렇게 멀쩡하게 회사 다니지 못한다"라며 당장 약물치료 중단을 강권하는 수준 낮은 상담사의 말에 자신의 아픔도 의심하게 된 사람을 종종 만난다. "나는 상담과 약물 치료를 필요로 하는 환자인 동시에 일상생활을 계속 잘 해낼 수 있는 평범한 사람이었다"라는 손성원 작가의 말처럼 움직이지 못할 정도의 무기력을 보여야만 우울증 환자인 것은 아니다.

"약 먹으면 다 해결돼요. 다시 예전처럼 살게 돼요"라는 인터넷 댓글들을 가끔 보는데, 그 말들처럼 약물치료가 만능은 절대 아니다. 또한 예전처럼 살게 되는 것이 치료의 목표도 아니다. 앞서 말했듯이 남들이 부러워할 좋은 환경과 조건에서도 우울증이 발생하는 것엔 다 이유가 있다. 작가가 용기 내어 펼쳐 보여준 것처럼, 자신도 모르는 사이에 잘못된 삶의 방식이 만들어졌기 때문에 그렇다. 과거의 상처나 결핍을 외적인 성공으로 보상하고 복수하려 하고, 오로지 그렇게 자신을 불태우며 사는 것만이 정답이라 여길 때 그렇다. 진정으로 자신을 사랑하는 방법을, 마음을 돌보는 방법을 몰라서. 그런 사람이 약물치료로 회복되어도 다시 예전 삶의 방식으로 돌아가면 우울증이 반복될 뿐이다. 에리히 프롬은 우리가 무기력을 되풀이하는 이유는 "남들이 바라는 삶을 살기 때문"이라 말했다. 진정 내가 바라는 삶, 그게 무엇인지 잘 모르겠어도 일단 지금 삶의 방식에서 벗어난 새로운 시도들을 해볼 때 진짜 문제 해결이 시작된다. 외부로만 향했던 시선을 나 자신에게 돌리고 맞는 옷을 입고 나서야 우울증에서 벗어나기 시작했다는 작가의 자가 분석은 그런 면에서 적확하다.

진료실에서 이런 말들을 건넬 때 '그렇다면 이제 성취를 포기하라는 것이냐'며 저항하고, 세상 물정을 모르는 순진하고 비현실적인 조언이라는 반박이 돌아올 때도 있다. 하지만 모든 걸 다 놓아버리라는 말이 절대 아니다. 인생의 1막에서 쌓아 올린 기반을 바탕으로 그 위에 새로운 방식의 성장을 얹을 수 있다. 정신의학자 카를 구스타프 융은 "우울증이 반드시 병적인 것은 아니며, 종종 개인의 정체성 변화나 창조적 능력의 폭발적 성장을 예고하는 전조 신호"라고 말했다. 과거 자신이 상상했던 이미지와는 좀 다른 기자가 되었지만, 여전히 언론의 틀 안에서 자신에게 잘 맞는 새로운 분야의 개척자가 된 손성원 작가는 그야말로 산 증인일 테다.

"세상에 취약성을 드러내는 사람들이 많아지면 점점 더 무해한 사회가 되지 않을까요."

책 속 등장하는 누군가의 이 말에 동의한다. 이경규, 김구라 씨 등의 자기 고백이 한국 사회가 정신질환을 바라보는 시각을 크게 바꿔놓았다. 나 역시 같은 생각으로《어쩌다 정신과 의사》라는 책을 썼다. "내 치부와 지난날의 상처가 또 다른 누군가에게 위로와 희망이 될 수 있다면 그것은 더 이상 부끄러운 상처가 아닐 것이다"라는 작가의 진심과 용기를 담은 이 책이 아직도 세상에 남아 있는 유해한 편견들을 녹이길 바란다.

"정신과에는 어떤 사람들이 와요?" 이 질문에 앞으로 《마음이 고장 났어도 고치면 그만이니까》를 읽어보시라 답해야겠다. 은연중 편견을 갖고 있던 사람도, 어떻게 해야 마음을 돌볼 수 있는지 궁금했던 사람도 다 답을 얻어 갈 수 있을 테니. 세상의 말들에 충실히 따르며 열심히 살아도 우울증이 찾아올 수 있다는 것을, 하지만 그 상처 후 예상치 못한 성장을 만날 수도 있다는 것을, 그러기 위해선 끊임없이 마음을 돌보아야 한다는 것을 말이다.

_김지용(정신건강의학과 전문의, 유튜브 채널 '정신과의사 뇌부자들' 운영자)

프롤로그

정적인 활동을 동적으로 하는 사람

어디 가서 자기소개를 해야 할 때면, 신입 사원 면접장에서 합격의 문을 열기 위해 준비한 보따리를 풀어내는 지원자처럼 늘 써먹는 멘트가 있다.

"'주식, 골프, 명품 소비는 안 하지만 돈은 못 모으는' 손성원입니다."

매달 말일이면 꼬박꼬박 들어오는 월급이 있는데도, 부모님 집에 살면서 생활비 한 푼 보태지 않는데도 돈을 못 모으는 이유가 뭔지 곰곰이 생각해본 적이 있다.

사실 답은 명확하다. 그놈의 마음돌봄에 피 같은 월급을 다 부어서다. 우선 한 회에 10만 원이 넘는 심리상담만 80회 넘게 진행했다. 약값까지 포함하면 정신과 진료와 상담에만 1000만 원은 족히 썼을 테다. 그 외에도 내 마음을 편하게 만들어주는 활동이 있다면 냅다 돈부터 지불한다. 요가, 명상,

독서, 영화, 등산, 갓생 루틴 만들기, 각종 원데이 클래스 등.

취미 플랫폼도 안 해본 게 없다. 트레바리, 아그레아블, 프립, 문토, 남의집, 우트, 소모임 등. 프립은 하도 많이 해서 기사로까지 썼다. 대표가 내 이름을 알 정도다. 동네서점이나 공간에서 진행하는 프로그램에도 빠삭하다. 동네서점 도장 깨기를 하도 하다 보니 간혹 주변에서는 동네서점을 하나 만들라고까지 했는데, 실은 1일 책방지기 활동도 해봤다. 물론 하루에 3만 원을 내고 말이다. 웰리, 나투라프로젝트, 밑미, 위크엔더스 등 웰니스 관련된 플랫폼이나 커뮤니티도 마찬가지. 심지어는 일부 커뮤니티 운영자들이 내게 자사나 타사 프로그램 사용 후기를 묻기도 한다.

다들 이렇게 사는 줄 알았다. 누군가는 명품을 사기 위해 새벽부터 오픈런을 준비하듯, 나는 심신을 돌보기 위해 돈과 시간을 투자하는 데 거리낌이 없었다. 하다 보니 내 취향과 성향을 알아가면서 더 재미를 붙여 전문 자격증까지 땄을 뿐.

그런데 모두가 몸과 마음의 소리에 귀를 기울이는 건 아니었다. 게다가 나처럼 추진력 있게 마음돌봄을 실천하는 사람은 매우 드물다는 사실을 안 지도 얼마 되지 않았다.

'정적인 활동을 동적으로 하는 사람.'

회사 선배가 내게 붙여준 별명이다. 분명 내가 하는 활동은 정적이다. 나는 그다지 에너지가 강하지도 않고, 한국인답지 않게 흥도 없다. 싸이의 흠뻑쇼, EDM 페스티벌은 인터넷 후기만 봐도 기가 빨린다. 최신 유행이라는 크로스핏, 실내 클라이밍은 고사하고 프랜차이즈 헬스장 음악 소리조차 버겁다. 서핑은 어떻게든 재미를 붙여보고 싶어서 열 번은 시도했지만 영 내 스타일이 아니었다.

하지만 내가 좋아하는 정적인 활동에서는 유독 부지런하다. 혹자는 그런 내게 외향형 인간이 아니냐고 하지만, 분명한 건 내 멘탈은 내 집, 내 방, 내 침대 위에서 충전된다는 사실. 기운이 빠졌을 때 절친과 세 시간만 수다를 떨면 에너지가 회복된다고? 나는 대면이 아니라 화상채팅으로 한두 시간 대화를 했을 때도 최소한 그 시간만큼은 혼자 쉬어야 에너지를 되찾는다.

독기와 패기는 없지만 끈기는 강하다. 성실함과 끈질김으로 30년을 살았다. 학창 시절 공부 얘기는 아니다. (그랬다면 서울대에 갔을 것이다.) 내 멘탈 회복과 성장, 치유를 위해 그 누구보다 힘겹게 노력해왔다. 2019년 4월, 첫 정규직 직장을 때려치운 후 백수 시절 정신과에서 난생처음 F코드(정신질환 질병코드)를 진단받았다. 그 후 약 6년이 지난 지금, 여전히 마음속 상처와 씨름할 때가 가끔 있다. 하지만 지금은 조금 더 나를, 나아가 세상까지 껴안을 수 있는 여유가 생겼다.

> 성원 씨의 글을 읽으며 새삼 지난날들이 떠올랐네요. '기자로서 어떻게 해야 할까' 고민하며 힘겨워하던 성원 씨의 모습은, 결국 더 큰 씨앗을 피워내기 위한 과정이었음을 깨닫게 됩니다. 알 속에서 깨어나기 위해 고군분투해온 시간이 쌓여, 이제는 누구보다 넓은 그릇과 여유가 느껴집니다.
> 예정된 것 하나 없는 상황 속에서 계속 나아간다는 것은 결코 쉬운 일이 아니죠. 또 성원 씨의 개인적인 비밀을 공개하는 일 역시 어려웠을 텐데, 지금 돌이켜 보면 그 용기야말로 신의 한 수였다는 생각이 드네요.
> 복수심을 오히려 이렇게 멋지게 승화해냈습니다. 상담이라는 영역을 널리 알리고, 다른 이들에게 쉽지 않은 길을 당당히 보여주며 귀감이 되고 있어요. 성원 씨는 칠전팔기 정신이 무엇인지 몸소 증명해주고 있어요.

4년 넘게 상담을 받아온 상담심리 전문가 선생님이 내가 마음돌봄 뉴스레터 쓰는 기자로서 대내외적으로 이런저런 활동을 하게 되면서 보내준 메시지다. 때로는 눈물겹고 치열하고 안타깝기까지 하지만 때로는 유쾌하고 사랑스러운 내 '월급 털이' 마음돌봄 이야기. 월급이 사라질지언정 각박한 사회에서 고군분투하며 살아가는 현대인에게 내 모든 경험이 도움이 되기를 바란다.

1장

그냥 부지런히
마음을 돌봤을 뿐인데

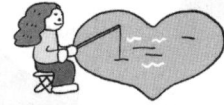

F코드 진단 후
초코우유를 사 먹었다

당황하긴커녕 헛웃음이 나왔다. 아니, 특목고를 거쳐 서울의 유수 대학을 나와 지역방송사에서 수습기자까지 무사히 끝마친 내가 심리치료를 받아야 한다고?

시작은 노트북 환불이었다. 방송사 퇴사 후 새로 산 노트북이 너무 느려 AS센터에 가려는데 갈 수가 없었다. 수습기자 시절 경찰서 쇠창살을 부여잡고 "기삿거리 하나만 달라"는 말도 잘만 했던 내가 갑자기 환불 요청을 못 하겠는 것이다. 불과 얼마 전까지만 해도 카페에서 녹차라테 맛이 이상해서 다시 만들어달라고 호기롭게 요구하던 나였는데. 환불받으러 가야 한다는 생각이 들자마자 왠지 모르게 기부터 죽었고 두려움

이 앞섰다. '내가 말을 잘 꺼낼 수 있을까?'

이런 딸의 상태가 평소답지 않다고 느낀 아버지가 당신 회사의 무료 심리상담 서비스 8회분을 받아보라고 권유해주셨다. 어렸을 때는 웃음소리도 호탕하고 장난도 많이 치던 내가 몇 년 전부터 어두워지고 짜증과 분노가 이전보다 눈에 띄게 늘어난 것 같다고 하셨다.

눈물이 없는 편이라고 스스로 생각했던 나는 상담을 갈 때마다 울었다. 학창 시절에 있었던 사건이 트라우마로 남아 있었다는 걸 알게 돼 울었고, 6개월의 짧은 방송사 취재기자 경험이 너무나 힘들었음을 깨닫고 울었다. 2년 정도 함께했던 교회 공동체와 멀어지는 '상실'을 경험한 직후라 상심이 커서 울었다. 마지막 8회기 날 "중노년이면 이런 말 안 하는데 지금 나이가 너무 아까우니 병원에 최대한 빨리 가라"는 상담심리사의 말에 다음 날 바로 정신건강의학과를 찾았다.

아무리 내가 상담 때 자주 울었어도, 아무리 내가 대학 친구들과 관계가 껄끄러워진 3년 전부터 분노가 많아졌어도, 그래도 그렇지. 혹여나 엄마가 놀라면 어쩌나 하는 걱정을 부여잡고 엄마에게 전화를 걸었다.

"엄마, 너무 놀라지 마. 나 심리치료 받으래."

엄마는 예상보다 차분하게 "그래? 고생했다. 피곤하면 집 가서 쉬어"라고 답했다.

이후 머릿속에 떠오른 생각은 의외로 '아, 초코우유나 마셔야겠다'였다. 놀람, 충격, 분노, 좌절, 절망, 당혹, 안도 등 그 어떤 감정도 들지 않았다. F코드를 받았다는 충격보다 그날 공부를 시작하기 전 당이 떨어진 몸 상태가 더 크게 다가왔다. 마음을 가다듬고 말고 할 것도 없었다. 진정시킬 놀란 가슴도, 부여잡을 떨리는 손도 없었다.

전화를 마친 뒤 초코우유를 사 먹고 바로 스터디 카페를 갔다. 무의식적으로 몸에 밴 습관이 이토록 무서울 줄이야.

전문가에게 어떤 얘기를 들었든 나는 일상을 지속해야 했다. 당이 떨어질 땐 습관처럼 초코우유를 마셔야 했고, 아침에 신문 스터디를 빼먹었으면 오후에라도 밀린 신문을 읽어야 했다. 질병을 갖게 됐다는 사실은 나를 놀라게 할지언정 내 일상을 무너뜨리진 못했다.

"음, 기자를 꼭 해야겠어요? 다른 직업도 많잖아요."

청천벽력 같은 말이었다. 정신과에서 들은 얘기였다. 의사 선생님이 내 얘기를 잘 들어주는 것 같고 병원 분위기도 안온해 여기 정착해야겠다고 마음먹은 직후였다.

당시 나는 3년 차 기자 지망생이었고 지역방송사에서 취재기자로 수습을 마무리한 뒤 '입봉(방송 리포트 데뷔)'까지 마친 상태였다. 심지어 더 큰 언론사에 다니고 싶어서 지역방송사는 그만두고 다시 시험 준비를 하는 중인데, 기자를 하지 말라니?

하지만 일견 맞는 말이었다. 세상은 넓고 할 일은 많다. 나는 언론과 무관한 프랑스어와 경영학을 전공했다. 다른 대학 동기들처럼 대기업에 입사해도 되고, 외국어 능력을 살려 통번역 업무를 해도 무방했다.

그런데 언론사 입사를 위한 논술 학원, 저널리즘 스쿨, 종합일간지 및 종합편성채널 인턴, 지역방송사 정규직을 모두 거친 나로선 도저히 다른 길이 보이지 않았다. 대학교 4학년 때부터 시작한 '언론고시'를 그만두고 다른 분야로 진로 방향을 바꾸는 건 왠지 실패 같았다.

무엇보다도 세상에 증명하고 싶었다. 누가 봐도 유약해 보이는 나도 기자를 할 수 있다고. 이런 나도 저널리즘을 통해 더 나은 세상을 만드는 데 기여할 수 있다고. "너는 안 될 거야"라며 나를 함부로 재단한 이들에게 보란 듯이 메이저 언론사의 바이라인이 박힌 내 기사를 자랑하고 싶었다.

사실 포기하려고 했던 적도 있었다. 하도 주변에서 기자랑 안 어울린다고 말해서다. 하지만 그만두려고 마음먹을 때마다 합격 길이 열렸다. 그만해야지 싶을 때 정말 가고 싶었던 대형 언론사 필기에 합격해 면접 준비를 해야 했고, 정말 안되려나 보다 싶을 때 방송사 정규직과 주간지 채용형 인턴에 동시에 최종 합격해 행복한 고민을 해야 했다. 그럴 때면 이 길이 하늘의 뜻인가 싶기까지 했다.

세지 못한 멘탈. 이것 때문에 내가 달려온 3년의 길을 포기할 수 없었다.

그래서 결국 다른 의사 선생님을 찾았다. 그 선생님은 내게 "어떤 일을 하든 잘할 수 있도록, 삶이 편해질 수 있도록 우리가 도울게요"라고 말했다. 눈물이 날 것 같았다. 세상 모두가 나보고 "넌 안될 거야"라고 외칠 때 내 선택을 존중하며 "날 돕겠다"고 한 사람은 처음이었다. 그렇게 조금씩 마음 근육이 붙어가고 있음을 느꼈다.

'모아둔 돈이 다 떨어질 때까지만 언론사 입사 준비를 해보자.' 2019년 5월, 그렇게 나는 새로운 목표를 세웠다. 그해가 끝날 때까지 버틸 수 있는 정도의 돈이었다. 그때까지만 해도 몰랐다. 두 달 후 내가 한 신문사의 윤전기를 정지시키고 '지라시(사설 정보지)'가 돌 정도의 유난스러운 합격을 거머쥘 줄은.

  만 25세 봄의 나는 정서적으로 과부하돼 있었다. 당시 종합 심리검사 결과지에 나온 내용은 크게 놀랍지 않았다. 나는 이미 스스로 "자신의 삶이 긴장의 연속으로 경험되고 있다"는 사실을, "관계로부터 위축되고 고립돼 우울감과 불안감이 높아져 있다"는 사실을, "자신의 의지대로 되지 않는 상황과 세상에 대한 원망, 미래에 대한 걱정과 불안이 커져 있다"는 사실을 눈치채고 있었다.

  그로부터 채 한 달도 지나지 않아 나는 종합일간지 두 곳의 실무 면접을 봐야 하는 상황에 처했다. 사실 기쁘지 않았다. 나는 F코드 병력을 가진 사람이 됐고 치료를 받아야 한다는 게 기정사실화됐는데, 그 힘든 언론사 실기시험을 치러야 한다니.

  어쨌든 쉽게 오지 않는 기회를 그냥 날릴 수는 없었다. 급하게나마 토론, 프레젠테이션 면접, 르포 기사 작성 준비를 위한 실무 스터디를 했다. 물론 약 복용과 심리상담도 병행했다. 노력은 배신하지 않는다고 했던가. 온갖 논제를 가정해서 대

본을 짜고 연습을 하니 생각보다 수월하게 전형을 치를 수 있었다.

결국 지금 다니고 있는 〈한국일보〉와 A사 모두 실무 전형에 합격, 최종 면접의 기회가 주어졌다. 여기서부터 나의 지독한 성실함이 빛을 발한 듯하다. 무엇보다 면접 초반에 시킬 법한 '1분 자기소개'를 달달 외웠다. "기세가 중요하다"는 영화 〈기생충〉 속 명대사도 있지 않은가. 거울을 보면서 자기소개를 외운 티를 내지 않고 자연스럽게 말하는 법도 연습했다. 심지어 면접관과 눈싸움(?)에서 지지 않는 연습까지 했다. 물론 버르장머리 없어 보이지 않을 만큼만.

치밀한 전략, 피나는 노력, 소량의 청심환. 이 삼박자가 맞아떨어졌다. 지금 다니는 회사 최종 면접에서는 1분 자기소개 후 누가 봐도 모 임원이 나를 보고 마음에 들어 하는 게 느껴졌다. A사 최종 면접에서는 한 임원이 "손성원 씨는 누가 봐도 기자 같네요"라고 말했다.

결과적으로 〈한국일보〉에는 떨어지고 A사에는 최종 합격을 했다. A사 최종 합격 전화를 받은 날 오전, 나는 그다지 놀라지 않았다. 예상했던 결과라고 생각했다. 이렇게 그 회사를 가나 싶었는데, 오후 7시쯤 〈한국일보〉에서 추가 합격 전화를 받았다. 이미 오후 6시가 지나 모두가 퇴근한 시간. 어디로 전화해야 할지 몰라 A사 경비실에 전화를 해버렸다. 다행히 지인의 도움을 받아 인사팀에 "죄송하지만 못 가게 됐다"는 말을 전했다.

나중에 안 사실이지만 그날 A사 윤전기가 멈췄다고 한다. 신문사는 수습기자 합격 명단을 신문 지면에 올리는데, 명단 위 내 이름을 빼기 위해서였다. 심지어 지라시도 돌았단다. 대략적인 내용은 "○○사가 A사 합격자를 '탈취'했다"는 것.

단순히 자랑하려고 이 '중복 합격' 에피소드를 늘어놓은 건 아니다. 그저 나 같은 이들에게 말하고 싶었다. 당신의 F코드가 당신의 간절한 노력까지 망칠 수는 없다고.

세상의 속도에 매몰돼 소진되었던 나는 그 무렵 '이제는 마음을 찬찬히 바라보고 천천히 채워나가겠다'고 다짐했었다. 그런데 인생은 역시나 예측대로 흘러가지 않았다. 심리치료를 시작한 지 약 석 달 만에 나는 다시금 세상의 한복판에 내동댕이쳐졌다. 그것도 빠른 속도로는 남부러울 것이 없는 언론계 현장으로.

나의 F코드 이력을 세상에 공개한 건 현재 회사에 입사한 지 만 2년을 조금 넘긴 시점이었다. 사회부에 있던 나는 상담 치료를 병행했지만, 다시 긴장, 불안, 자책에 모든 에너지를 쏟고 있었다. 업무 퍼포먼스가 안 나오는 건 당연했다. 상담심리 전문가 선생님이 나보고 잠시 회사를 쉬는 건 어떻겠냐고 했다. "애초에 우울장애를 가진 상태에서 취재 일을 하는 것 자체가 너무나 힘든 일"이라면서. 결국 다니던 병원에서 진단서를 떼 회사에 제출했다. 두 달의 휴직 및 병가를 신청하면서.

'마음돌봄'이라는 분야를 적극적으로 취재하며 기사를 만들어내는 지금이야 잘했다는 생각이 들지만, 개인적인 비밀을 세상에, 그것도 내게 월급을 주는 회사에 알리기까지 큰 용기가 필요했다. '정신질환'에 대한 사회적 불이익과 낙인이 여전한 한국 사회에서, 그것도 '강인한 멘탈과 반박하기 힘든 말솜씨'로 먹고사는 취재기자가.

신입 공채 최종 면접 때 1분 자기소개 키워드로 패기, 독기, 끈기, 뭐 그런 키워드를 넣었던 걸로 기억한다. 회사는 당연히 그런 당당한 모습을 보고 나를 뽑았으리라. 혹자는 '취업 사기', 아니 '채용 사기'라고 말할 수도 있겠다. 회사에도 조금 미안한 건 사실이다.

하지만 내 나름대로 변명을 해보자면, 우리가 산부인과나

항문외과를 다닌 기록이 면접관에게 알려지지 않는 것처럼 정신과도 마찬가지다. 그리고 면접 당시엔 일간지를 두 군데나 합격할 정도로 차도를 보인 상태였다. 무엇보다 서류 접수를 하던 시기에는 내가 F코드 환자라는 사실을 몰랐다….

마음건강 전문가 '마와리' 돌기

2019년 봄부터 이 글을 쓰고 있는 2025년 중순까지 100회 가까이 심리상담을 받았다. 심리상담은 1회에 50~60분 걸리고 회당 금액은 10만 원대에 달한다.

사실 이건 '내돈내산' 개인상담만 계산한 것으로, 아빠 회사나 전국언론노동조합에서 연결해준 무료 개인상담이나 서울시가 청년에게 무료로 제공하는 개인상담과 집단상담, 한국산업의료복지연구원이 수도권 지역 노동자에게 무료로 제공하는 개인상담, 취재 차 진행한 애도 중심 음악심리치료, 그 외의 유료 집단상담 프로그램은 제외했다. 그것까지 포함하면 100회가 훨씬 넘는다.

이 또한 한국심리학회 산하 학회(한국상담심리학회, 한국임상심리학회 등)나 한국상담학회에서 자격을 부여받은 상담심리 전문가와의 상담까지만 포함한 것이다. 여기에 정신건강 전문의와의 진료까지 추가하면 200회는 족히 넘는다.

이뿐인가. 상담심리사가 진행하는 트라우마 관련 독서 세미나, 대한기독정신과의사회의 성경적 마음치유 세미나, (또 다른) 상담심리사가 진행하는 영화를 매개로 한 집단상담, (또, 또 다른) 상담심리사가 진행하는 글쓰기 모임 등 다양한 사적 프로그램도 열심히 참여했다.

이 모든 걸 종합하면 최소 1000만 원을 심적 혹은 정신적 회복을 위한 전문가 상담 및 진료에 쏟았다는 결과가 나온다. 만 6년가량 (혹은 이 책이 나온 이후에도) 마음의 부침을 이겨내고자 부단히도 노력해오고 있다고 자부할 수 있다.

뭐가 그렇게 힘들어서 이런 거금을 쏟아부었을까.

세간의 기준으로 보았을 때 내겐 인생의 고난이랄 게 없었다. 힘들다는 취업 준비생 시절도 서울에 있는 부모님 자가에서 용돈을 받으며 어렵지 않게 보냈다. 스터디, 저널리즘스쿨 수강, 인턴 생활, 간헐적 술자리와 아이돌 덕질 등의 활동을 하며 고립과 은둔 없이 '고시 낭인' 신세를 면했다. 1년에 한두 번씩 만나도 어색함 없이 편하게 얘기할 수 있는 학창 시절 친구도 여럿 있었다. 아무리 봐도 경제적으로도 사회적으로도 크게 역경이랄 것은 없었다.

정신적 문제가 외적으로 크게 드러난 적도 없었다. 자해나 자살 등 파괴적인 생각은 물론 환청이나 망상을 단 한 번도 경험해보지 않았다. 공황발작, 집중력 부족으로 인한 학습장애, 폭식이나 과음, 물질이나 행위 중독은커녕 다른 스터디원이 내는 벌금을 야무지게 모아 커피를 사 마실 정도로 일상 기능에 딱히 하자가 없었다.

그게 패착이었다. 겉으로 드러나는 증상이 없었기에 아무런 문제가 없는 줄 알았다. 외현상으로는 괜찮았으나 우울, 분노, 불안, 수치, 자책 등이 만성적으로 내면화돼 있었다.

'마음이 편안하다', '활기가 차다', '안정감 있다', '상황에 상관없이 단단하다', '힘이 돼주는 관계가 있다'…. 당시의 나와는 거리가 먼 표현들이었다. 늘 가슴 한구석엔 불안이 존재했고, 낮은 자존감과 예민한 감수성, 마음의 복잡다단함과 섬세함 때문에 가슴 깊이 분노와 자책과 수치를 안고 살았다. 주변 사람들에게서 왠지 모르게 묘한 괴리감이 느껴졌고, 이런 내 모습을 이해받지 못한다는 생각에 공허감까지 들었다. 그래서 일상 자체가 은근한 스트레스였고 모든 게 피곤했다. 그리고 나 자신과 세상에 대한 화가 점점 쌓여만 갔다.

크게 불편하고 불행하진 않지만 그렇다고 이대로 계속 살고 싶진 않은 마음. 이런 모습이 계속돼도 익숙해지긴커녕 뭔가 좌절만 더 쌓이는 느낌.

하인리히법칙이라고 들어봤는가. 어떤 큰 사고가 일어나기 전에 이와 관련된 경미한 사고와 사전 징후들이 반드시 존재한다는 법칙을 뜻한다. 내 멘탈 문제도 그랬다. 지금 돌이켜 보면 전조 증상이 있었고 이미 경고음들이 조금씩 나고 있었다.

공황을 겪은 적은 없었으나 첫 회사 수습기자로서 '마와리(현장을 돌며 취재하는 언론계 은어)'를 돌던 시절, 취재 현장에 가기 전에 심장이 두근거리거나 가슴이 답답하거나 두려움이 엄습해 눈물이 날 것 같았던 적이 몇 번이나 있었다. 인생에서 그다지 중요하지 않은, 그냥 지나칠 수 있는 불특정 다수의 무례함이 도저히 떨쳐지지 않고 하루 종일 머릿속을 맴돌았다. 그리고 이 징후들이 쌓이고 쌓여 조금씩 내 삶을 갉아먹고 있었다.

F코드를 부여받은 이후의 내 삶은 모순 그 자체였다. 나는 상담과 약물 치료를 필요로 하는 환자인 동시에 일상생활을 계속 잘 해낼 수 있는 평범한 사람이었다.

《정신병의 나라에서 왔습니다》에서 양극성장애 당사자이자 저자인 리단은 이런 삶을 "기묘한 공생"이라고 표현한다. "정신질환의 비상식적인 사고들과 상식선의 사고들의 공존, 여전히 파괴적인 생각을 하지만 주어진 과제도 해낼 수 있는 상태"(23쪽)라고 말이다.

'기묘한 공생'을 공식적으로 시작한 지도 4년이 지났다. 그동안 나는 그토록 가고 싶었던 언론사에서 취재기자 일을 시작했고, 케이블TV 프로그램에 게스트로도, 아침 라디오 뉴스에 패널로도 출연해봤고, 수습이나 인턴 기자들을 대상으로 강의도 해봤고, 타 매체에 인터뷰도, 보도 관련 수상도 해봤다. (매우 간헐적이지만) 연애도 했고, 인생 취미를 찾아내 전문 자격증도 땄고, 여러 모임 활동도 꾸준히 했다.

그와 동시에 '저 사람이 지금 내가 만만해서 무시하는 건가', '왜 세상은 나를 힘들게만 하는 걸까', '정말로 내겐 인복이 없는 걸까', '나만 건강한 관계가 이렇게 없는 걸까', '지금 내가 기자 같지 않기 때문에 저 사람이 저런 소리를 하는 걸까', '나도 언젠간 단단한 내면이란 걸 가져볼 순 있을까', '이 모든 게 내가 밀당을 못해서, 세지 못해서, 소심해서, 호구 같아서 그런 걸까'와 같은 생각에 사로잡혀 있었다. 그리고 이런 생각 때문에 계속 가라앉는 마음과 끊임없이 싸워야 했다.

드라마 〈더 글로리〉 속 가정폭력 피해자인 강현남은 "난 매 맞지만 명랑한 년이에요"라고 말한다. 미국 작가 캐럴라인 냅은 고독하고 불안한 삶을 사는 자신을 "명랑한 은둔자"라고 정의한다. 현남도 냅도 나도 삶의 저 밑바닥을 찍어보고 또 그러면서 주어진 생을 끝까지 잘 살아내고자 몸부림치는 사람들이다. 주변 현실은, 우리 마음은 너무나 어두울지라도 어떻게든 밝게 살아보려고 하는.

　언젠가 소개팅 상대가 "성원 씨는 마음이 불안정하면서도 또 중심이 잡혀 있고, 일관성이 없는 듯하면서도 일관성이 있어요"라고 말한 적이 있다. (당시엔 무슨 소리인가 했지만, 이 글을 쓰는 지금은 그 자리에서 프러포즈를 할 걸 그랬나 싶다.)

　분명 난 감수성이 풍부하고 예민해서 감정적으로 금세 흔들리고 남들보다 에너지를 빠르게 소진한다. 이런저런 상처가 많아 유독 속앓이를 많이 한다. 하지만 그럼에도 타인과 건강한 경계를 세우며 나를 잃어버리지 않고 잘 살아가고자 하는 소망과 의지는 단 한 번도 꺾이지 않았다. 매번 넘어지고 나 혹은 타인 때문에 눈물을 흘려도 '지금보단 더 마음 편히 살고 싶다'는 의지 하나로 오뚝이처럼 일어나 회복의 여정을 걸어왔다.

물론 회복의 의지가 강하다고 해서 바로 나아질 수 있는 건 아니다. 이 여정에 누가 나와 함께해주는가도 대단히 중요한 이슈다. 주변 사람들이 심리상담이나 정신과 진료에 대해 물어볼 때면 무조건 덧붙이는 조언이 있다. "나랑 맞는 선생님도 '마와리'를 돌아야 찾을 수 있어요." 기왕 한 시간에 10만 원 낼 거, 최대한 뽕을 뽑아야 할 것 아닌가.

특유의 예민함 탓일까. 상담이나 진료를 받다가 조금이라도 불편함을 느끼면 쉽게 만족하지 못했다. 습관이 돼버린 우울과 불안, 분노 가운데 틈새를 만들어주되, 내가 느낀 감정을 오롯이 공감해주는 선생님이 필요했다. 나를 힘들게 하는 나만의 사고 회로를 비난하거나 타자화하지 않고 온전히 내 편에 서서 나를 지지해주는 그런 존재.

운이 좋게도 대체로 좋은 선생님들만 만났다. 물론 일회성 진료나 상담의 경우 찝찝하다 못해 기분이 나빠진 경우도 있었다. 어떤 전문상담사는 "저는 인복이 없는 것 같아요"라는 내 말에 자지러질듯이 웃는가 하면, 어떤 정신과 의사는 "다 얘기했으면 일어나서 가봐요"라고 하기도 했다. "더 이상 ○○ 씨와 상담하기 어려울 것 같아요"라거나 "○○ 씨를 담기에는 제가 부족한가 봐요" 같은 말로 상담자에 의해 상담이 종결된 지인도 왕왕 있었다.

100회 가까이 심리상담을 진행하면서 이 분야는 전문성이 필수라는 결론이 내려졌다. 약물치료와 달리 상담심리치료는 전문성에 대한 기준이 명확하지 않다. 약이 필요하면 내과, 안과, 이비인후과 등 증상에 맞는 병원에 가서 진료를 받고 약국에서 약을 처방받지 않는가. 이때 만나는 의사 또는 약사는 보건의료기본법에서 정하는 바에 따라 한국보건의료인국가시험원이 주관하는 국가시험을 통해 면허를 받은 사람이다.

하지만 상담에 대한 자격 기준은 모호하다. 애초에 우리가 고민을 친구한테 털어놓고 조언을 듣는 것도 상담이라고 하지 않나. 심리상담의 경우 국내엔 공인 자격이 없다. 국가 자격증은 임상심리사, 전문상담교사, 청소년상담사, 정신건강임상심리사 정도다. 업계에서는 한국심리학회 및 한국상담심리학회(상담심리사 자격증 부여), 한국임상심리학회(임상심리전문가 자격증 부여), 한국상담학회(전문상담사 자격증 부여) 같은 학회를 신뢰한다. 한국상담심리학회와 한국임상심리학회는 한국심리학회의 분과 학회다.

이 자격증들은 최소 상담학 또는 심리학 관련 석사학위나 3년 이상의 수련 과정을 요한다. 일반적으로 관련 분야 석사학위자의 경우 1년 이상, 관련 분야 학사학위자의 경우 2년 이상, 관련 학위가 없을 경우 3년 이상의 실무 경력이 있어야 한다. 2024년까지 배출된 상담심리사 1급은 2202명, 상담심리사 2급은 7789명이다.

 나는 대체로 좋은 전문가들을 만났지만, 안타깝게도 비전문 상담을 받으며 회복은커녕 상태만 악화된 경험도 있다. 2016년부터 심리적인 어려움이 찾아왔지만 상담업계에서 말하는 공신력 있는 사람에게 상담을 받기 시작한 건 2019년이었다. 중간에 2년 정도는 비전문가에게 상담받았다. 당시 몸담던 교회 공동체(정통 교단 소속으로, 이단은 전혀 아니다)에서 일대일 영성 교육 또는 상담이라는 명목하에 신학이나 심리학 또는 상담학 관련 전공을 하지 않은 사역자와 주 1회 두 시간씩 얘기를 나눴다.

 나의 회복을 위해 비용도 받지 않고 시간과 정성을 쏟아 준 것에는 지금도 감사한 마음이지만, 내가 만난 상담 전문가들은 당시 상황을 듣고는 모두 다 혀를 찼다. 우선 사역자-신도와 상담자-내담자라는 이중 관계로 엮여 있었고, 한 사람이 교회 내 다른 교인들과도 상담을 한 탓에 객관성에 문제가 있었던 것이다. 모두 상담업계에선 윤리성에 문제 제기를 할 수 있는 지점이다. 당시 나는 2년이 다 돼가도록 회복이 되지 않자 "너는 왜 이렇게 못 따라오니"라는 말을 듣는가 하면 "너는 너무 예민해서 다른 사람들을 불편하게 만든다"라거나 "우린 상처 줄 생각이 없는데 왜 혼자 상처받니"라는 얘기도 들었다.

내 감정, 마음, 느낌, 생각이 남에 의해 판단받고 내 예민함이 유별남으로 비난받던 시기가 2년 가까이 지속되자 결국 자존감이 땅으로 떨어졌고 나 자신과 세상에 대한 적개심만 강해졌다. 결국 얼굴을 붉히며 서로 상처 주는 말이 오간 후, 그 공동체에 더 이상 나오지 말라는 통보를 받았다.

최근 지인이 연애 관련 상담 콘텐츠를 만드는 인플루언서에게 온라인 화상채팅으로 상담을 받은 경험을 들려주었다. 상담을 제공하는 이는 심리학 학사학위만 있는 사람이었다. 지인은 "상담받는 내내 혼내는 듯한 말투로 내 이야기에 공감하지 않는다는 느낌을 받았다"고 털어놨다. 그는 상담 비용으로 시간당 7만 원을 지불했다. 업계에서 인정하는 수준(관련 분야 석사 이상 학위, 관련 전공 학위 없을 경우 3년 이상의 상담 경력)의 전문 상담 비용은 보통 시간당 최소 10만 원이다.

이런 시행착오를 겪고 나니 국내에 얼마나 비전문적 심리상담 서비스가 난무하는지가 눈에 들어왔다. 2021년 기준 현재 민간 심리상담 자격은 약 2800개 기관에서 발급할 만큼 차고 넘친다. '평가원', '평생교육원', '협회' 등의 이름으로 자격을 내세우는 이들이 있지만 업계 전문가들은 한국심리학회 및 산하 학회(한국상담심리학회, 한국임상심리학회 등)나 한국상담학회가 발급한 자격증 외엔 인정하지 않고 있다.

심지어 심리상담소 개설은 자격 규제도 없다. 포털 검색창에 '마음치료'나 '심리상담' 등을 검색하면 '자존감 상담', '멘탈 케어', '심리 해결', '감정 코칭' 등 다양한 수식어로 전문 상담과 유사한 서비스를 제공하는 곳들이 많이 나온다.

무슨 차이가 있나, 어차피 남의 얘기 들어주고 도움 주는 다 똑같은 곳 아닌가 하고 생각할 수 있다. 하지만 양 학회가 인정하는 수준의 서비스와 그렇지 않은 서비스를 모두 받아본 사람이 보기엔 상담의 질이 하늘과 땅 차이다. (자세한 차이를 알고 싶다면 뭣도 모르고 상담 전문 자격에 도전하고 있는 이야기를 담은 3장 '증 없어서 또 공부하러 갑니다'를 유심히 읽어보시길.) 고민이 가벼운 경우엔 도움이 될 수 있으나 증상이 심각한 상태에서 찾아갔다간 나처럼 회복의 적기만 놓칠 수 있다.

물론 현장에서는 상담 시장의 학력 인플레가 심하다는 볼멘소리도 나온다. 하지만 마음 때문에 몇 년간 인생이 괴로웠던 나로선, 그리고 상담을 통해 내면의 힘을 갖게 됐을 뿐만 아니라 이 고통을 통해 한 단계 더 성장했다고 말할 수 있는 나로선, 정신건강 또는 심리상담 서비스는 그 어떤 영역보다도 전문적이어야 한다고 생각한다. 한 사람의 인생을 바꿔놓을 수 있기 때문에.

가장 어두운 시간을 거쳐야 깨닫는 것들이 있다. 현재 내가 겪는 마음의 문제를 다루다 보면 어쩔 수 없이 과거, 현재, 미래를 왔다 갔다 해야 하는데, 그 여정이 결코 쉽지 않다. 쉽게 개선되지 않는 내면의 습관들로 인한 좌절, 회복됐다고 생각했지만 여전히 남은 과제가 있다는 사실에 대한 현타(현실자각 타임), 지난 과거를 되돌아보면서 느끼는 양육자에 대한 애증과 그로 인한 혼란, 스스로에 대한 혐오와 연민 등.

이미 마음이 아픈 상태에서는 혼자서 그 과정을 잘 극복하기는커녕 견뎌내기조차 어렵다. 있는 그대로의 모습을 온전히 받아주면서도 잘못 고착돼버린 신념을 바꿔주는 코치이자, 동시에 그 과정에서 겪는 성공과 좌절까지 함께해줄 페이스메이커가 필요한 이유다.

상담을 시작하면서 들고 갔던 문제는 남 눈치를 많이 본다는 점, 타인과의 경계선을 잘 못 긋고, 자기표현을 잘 하지 못한다는 점이었다. 모두 스스로를 잘 보호하지 못한다는 데서 시작된 문제였다. 나를 잘 보호하려면 마음속 목소리부터 잘 들어줘야 하는데 아이러니하게도 이런 문제 때문에 스스로를 책망하고 비난했다.

일평생을 바깥에다 시선을 두고 살았다. 내 목소리가 아니라 남 목소리부터 듣는 게 무의식적으로 습관화됐다. 애초에 내 마음이 어떤 목소리를 내고 싶어 하는지조차 몰랐다. 상담 초기 가장 많이 들었던 얘기가 "나 자신이라도 내 편이 돼줘야 한다"는 거였다. 나는 남한테 끌려가지 않고 내 생각을 표현하기 위해서 스스로를 닦달하고 다그치는 방법 외에는 알지 못했다.

간혹 지인들이 상담받으면 뭐가 좋냐고 묻는다. "그냥 고민을 털어놓을 사람이 없어서 가는 게 아니냐"고 묻는 사람도 있고 "10만 원 넘게 냈는데 상담 선생님이 별말도 안 하고 내 얘기만 하고 왔다"고 푸념하는 사람도 있다.

마음이 힘들 때 찾는 다른 서비스와 상담의 차이점은 힘의 방향성에 있는 것 같다. 사주나 타로의 경우 앞에 앉은 사람이 정답을 내놓는 식이다. 설사 하나의 답을 단언하지 않더라도 방향이 정해진 상태에서 길을 안내해주는 느낌이다. 반면 상담은 정답은 물론 방향까지 내담자가 스스로 찾아갈 수 있도록 한다.

또한 원가족에서 경험한 결핍이나 상처, 만성화된 내면의 패턴을 직접 마주할 수 있게 해준다. 내면세계와 인간관계 방식에 근본적으로 새로운 물꼬를 터주는 역할도 한다. 낯선 길을 안내하는 건 가이드의 역할이지만, 그 길을 직접 걸어가는 건 내 몫이다. 내담자가 스스로 문제를 해결해가는 과정에서 자신의 모습을 그대로 존중하면서 내적인 힘을 갖고 일어설 수 있도록 도와준다.

상담의 최종 목표는 내담자로 하여금 현재 겪고 있는 문제의 영향을 덜 받게 하는 것일 뿐만 아니라 앞으로 새로운 문제를 맞닥뜨려도 거뜬히 묵묵히 견디는 힘을 기르게 해주는 것 아닐까.

> 나는 정신질환자들이 나을 수 있다고 믿는다. 다만 낫는다는 것이 완전한 회복을 의미하는 게 아니라 지금보다 나아진다는 의미로. 과거 그 사람의 어떤 '맑았던' 시점으로 돌아가는 건 거의 불가능하다. (중략) 병은 그곳 그 정류장으로 가는 버스가 아니다. 오히려 병의 힘을 빌려 우리가 그때보다 똑똑하고 영민할 수 있는 미래에 당도한다고 생각하는 편이 더 가능성이 높다.
> _리단, 《정신병의 나라에서 왔습니다》(반비, 2021), 26쪽

나 또한 마찬가지다. 아무 걱정도 두려움도 없던, 진취적이고 깨발랄하던 20대 초반의 모습으로 되돌아갈 수 없다는 걸 안다. 그때로 돌아가기엔 이미 세상이 호락호락하지 않다는 것을, 결국 내가 그 세상을 살아내야 한다는 것을, 내가 바꿀 수 있는 건 나 자신뿐이라는 것을 알아버렸다.

아이러니하게도 이런 상처를 직면하고 상처를 껴안고 살아가기로 결심하자 오히려 혼자서 든든히 서 있는 법을 배우게 됐다. 내 삶의 주인을 타인 또는 세상이 아니라 '나'로 되돌려놓고, 상황이 바뀌지 않더라도, 이후 시련이 또 찾아와도 넉넉하게 버티고 이겨내는 단단함을 가지는 것. 이게 결국 날 지켜내는 힘이 아닐까 싶다.

외상후성장Post-Traumatic Growth, PTG이라는 개념을 아는가. 트라우마는 외상후스트레스장애Post-Traumatic Stress Disorder, PTSD라는 부작용을 낳기도 한다. 하지만 이후 회복을 지나, 이전보다 심리적으로 더 성숙해지는 변화가 생기는 상태로 이어지기도 한다. 예를 들면 삶에 대한 감사, 스스로 몰랐던 내적 힘에 대한 깨달음, 진로 등 새로운 가능성의 발견, 주변인들과의 관계 재정립 등이다. 불행과 역경을 성장의 발판으로 삼아 한 단계 더 나은 삶으로 가는 셈이다.

나는 여전히 '유리멘탈'이다. 쓴소리를 잘 못하는 것도 변치 않았다. 남들보다 감정 기복이 심한 것도 그대로고, 예민해서 쉽게 에너지가 소진되는 것도 여전하다. 하지만 제자리로 되돌아오는 힘, 회복탄력성이 생기면서 더 이상 이런 내가 싫지 않다. 이전만큼 세상이 두렵지도 않다.

삶의 우선순위도 외적인 성취에서 내적인 성숙으로 바뀌었다. 물론 극한의 스트레스 상황이 찾아오면 금세 낙담하기도 하지만 혼자 든든히 서 있는 힘이 생기며 그 상황 가운데서 평정심을 되찾는 속도가 빨라졌다. 어려움을 잘 견뎌내는 맷집이 세진 걸까.

어두운 터널을 지나고 보니 어떻게 그 긴 시간 동안 힘든 상황을 버텨냈을까 싶다. 물론 진심으로 날 걱정하고 도와준 상담 선생님과 의사 선생님, 가족과 친구들이 있지만, 결국 날 일으켜 세운 건 나 자신이었다. 타인은 나에게 다른 길을 제안하고 인도해줄 순 있지만, 그 길을 걷는 건 결국 나 자신이다.

얼마 전 상담심리 전문가 선생님께 "뇌가 굳기 전인 청년 시절에 시련이 찾아와서 차라리 다행이라고 생각해요. 너무 나이 든 상태에서 왔다면 바꾸기 쉽지 않았을 것 같아요"라고 말했다. 선생님은 "이건 나이의 문제가 아니에요. 성원 씨는 처음 왔을 때부터 변화하려는 의지가 매우 강했던 사람이에요"라고 답했다.

100회가량 상담을 받을 때마다 센터 문을 닫고 나오는 즉시, 이야기 나눴던 내용을 휴대폰 메모장에 적어 내렸다. 길을 가다가도 '이럴 때 어떻게 해야 하지', '이건 어디서 생긴 마음일까' 등 궁금한 게 생기면 적어놓고 다음 회기 때 묻기도 했다. 상담 시작 첫 1년 동안의 메모장을 인쇄해보니 두꺼운 파일에 넣어둬야 할 정도로 분량이 많았다.

나는 그 누구보다 나를 의심했지만, 문제를 해소해나가려는 의지, 낙담해도 포기하지 않고 해내는 끈기, 더 잘 살 수 있을 것이란 믿음만큼은 강했다. 이건 매번 넘어질 때 나를 일으켜 세워준 힘일 테다.

혹시나 내면의 고통이나 상처 때문에 인생이 흔들리고 있는, 하지만 이대로 쭉 살고 싶지는 않아서 이리저리 방황하고 있는 이들에게 이렇게 얘기해주고 싶다. "그 마음 그대로 누군가에게 도움이 필요하다고 손을 내밀어보기를, 변하고 싶다는 의지만 잃지 않기를, 그리고 그런 스스로를 인정해주기를. 그렇게 잘 자고 잘 먹고 잘 싸고 다음 날 주어진 하루를 성실히 살다 보면, 이전엔 상상하지 못했던 변화와 힘, 편안함이 나도 모르는 새 따라올 것"이라고.

유리멘탈인데
기자 할 수 있나요?

"나 도지사인데, 도지사가 누구냐고 이름을 물어보는데 대답을 안 해?"

2011년 당시 김문수 경기도지사의 권위적인 통화 내용이 국민적 밈으로 떠오른 적이 있었다. 당시 현역 수능을 망치고 재수를 앞두고 있던 나는 "나 재수생인데"라며 자조 섞인 농을 자주 던지곤 했다. 10여 년 후 내가 그런 멘트로 밥벌이를 하고 살 줄은 상상도 못 한 채.

"안녕하세요, 저는 〈한국일보〉 손성원 기자라고 하는데요. (후략)" 기자 생활을 몇 년 한 지금도 "나 기자인데"라는 말은 뭔가 도지사의 낯부끄러운 워딩만큼이나 민망하게 다가온다. 괜한 자의식 과잉 같기도 하고.

기자직을 희망, 준비를 해야겠다고 결심한 게 대학교 4학년 1학기였다. 그로부터 정확히 1년여 후에 채용전환형 인턴 전형을 거쳤고, 그로부터 1년여 후에 정규직 취재기자 일을 시작했고, 그로부터 1년여 후에 〈한국일보〉에 '(6개월 중고) 신입'으로 들어왔다. 총 3년 2개월 동안 오로지 '손성원 기자'라는 직함 하나만 바라보고 달렸다.

그런데 어엿한 7, 8년 차 기자가 된 지금도 사적인 자리에서 기자임을 밝혔을 때 나오는 상대방의 반응은 대개 두 부류로 나뉜다. '기자는 위험하다'는 무의식에서 나오는 왠지 모를 뒷걸음질. 혹은 '이 사람이 기자라고?'라는 듯한 당황스러움 또는 놀라움.

전자는 언론에 덴 경험이 있는 이들에게서 흔히 나타날 수 있는 반응이기에 십분 이해 가능하다. 나를 민망케 하는 건 보통 후자다. 전혀 악의가 없는 그들의 반응은 주로 "진짜 기자예요?", "수습도 끝났어요? 그러면 경찰서 '마와리'도 돌았어요?"의 과정을 지나 "와, 근데 정말 기자처럼 안 보이네요"로 끝난다.

보통 기자라고 하면 '강철멘탈', '드세고 거친 느낌', '누구에게든 냉정하고 당당하게 끈질기게 질문하는 자세' 등의 이미지를 떠올린다. 미디어에서 다루는 기자의 모습도 크게 다르지 않다.

그런데 사회가 말하는 전형적인 기자와 내 모습은 다르다. 우선 외적인 부분부터 따져보자면, 동글동글한 이마와 짧은 하관, 선천적으로 좋은 피부 때문에 동안인 편이다. '세상만사를 꿰뚫고 있을 것만 같은 닳고 닳은 느낌'을 주긴 어렵다는 뜻이다.

그렇다면 눈빛이라도 매서워야 하지만 지인들에 따르면 "영혼까지 다 보일 정도로 투명한" 눈망울을 지녔다. 나와 닮은꼴로 자주 꼽히는 건 디즈니의 병아리 캐릭터 트위티다. (최근엔 걸 그룹 뉴진스 하니가 날 닮았다고 스스로 말하고 다닌다…)

언론사 입사를 위한 논술학원을 다녔을 때는 현직 기자인 선생님이 "성원 씨는 이미지가 따뜻하고 차분한데 이게 면접에선 독이 될 수 있다"며 "나도 깡마르고 앳되게 생기고 목소리가 가냘퍼서 불리한 점이 있었는데 이걸 톡 쏘는 센 말투로 커버했다"고 조언해주기까지 했다.

그나마 낮은 목소리는 짧은 전화 취재에 유리하지만 말투는 아무리 노력해도 바뀌지 않았다. 톡 쏘기는커녕 취재차 하는 대화인지 사적인 수다인지 헷갈리는 친근한 말투. 통화가 길어질 때면 취재하는 내가 먼저 전화를 끊고 싶어진다.

강인함, 카리스마, 독종, 악바리, 냉철함, 마초 같은 분위기…. 내게서는 도무지 나올 수 없는 이미지다.

물론 짧은 방송기자 시절 위험한 사고 현장에서 마이크를 들고 스탠딩을 서보기도 했고, 테이프로 칭칭 감긴 수십 대의 마이크를 들고 수갑 찬 범죄자 옆에 따라붙으며 질문도 해봤다. (똑 부러지게 질문하지 못했다는 생각에 그날 밤 이불을 뻥뻥 차긴 했지만.) 그러나 기질적으로 나에게서 자연스럽게 나오는 모습이 아닌지라 남들보다 에너지를 더 많이 써야만 했다.

'기자는 이래야 한다'는 고정관념은 어느덧 콤플렉스까지 되었다. 취재를 하러 갈 때면 늘 '취재원이 나를 기자답지 않다고 생각하면 어쩌지', '나 지금 기자다운가'라는 생각으로 스스로를 옥죄었다. 질문을 할 때도 '지금 내가 기자다운가', '지금 내가 기자로서 제대로 하고 있는 게 맞는가'를 끊임없이 신경 썼다.

분명 기자로서 진실을 전달하고자 하는 진정성이 없는 건 아녔다. 다만 매우 민감한 기질 탓에 상대의 기분도 의도치 않게 잘 파악하기에 누군가를 귀찮게 해서까지 팩트를 얻어내는 것에 익숙하지 않았을 뿐이다. 매일매일 낯선 현장에서 새로운 사람들과 부대껴야 하는 사회부 기자 일을 하기가 기질적으로 어려웠을 뿐이다.

개인의 기질과 성격을 진단하는 '기질 및 성격검사 Temperament and Character Inventory, TCI'를 해보면 '위험 회피' 점수가 매번 높게 나온다. 쉽게 불안해하고, 불확실성에 대한 두려움이 크고, 낯선 사람에 대한 수줍음이 높으며, 활기차기보다는 쉽게 지친다는 얘기다. '사회적 민감성'도 마찬가지다. 감수성이 풍부하고, 공감을 많이 하며, 사회적 접촉이 많으나, 타인의 말에 휘둘리기도 하는 게 특징이다.

이렇게 기질적으로 예민하고 세심하고 조심성이 많은 사람이 비판적 기사로 사회의 잘못된 구조를 지적하는 게 쉬울 리가. 언론계 안에선 날선 칼날의 비판적 기사를 쓸 때 '조진다'는 표현을 사용한다. 나와 같은 연차인 한 일간지 기자는 인스타그램 계정(@gogizanim_)에 〈고기자의 수습생활〉이라는 웹툰을 연재했다. 고기자는 "'조진다'라는 말을 좋아하지 않는데, (그 이유는) 직업적 자아의 폭력적 발현 같아서"라고 말한다. 고기자는 "출입처를 잘 '조져야' 인정받는 분위기가 싫다"며 "진짜 문제 있는 거야 문제 있다고 쓰지만 '조지기 차력 쇼'는 별로"라고 털어놓는다. "너무 전투력이 없다"는 소리를 듣는, 언론사 내에 존재하는 '기氣 대결'이 싫은 고기자.

나도 마찬가지다. 물론 기자라는 직업 자체가 사회적 문제를 지적하는 일이다 보니 전투력, 공격성, 날카로움이 요구될 때가 있다. 하지만 365일 24시간 그렇게 날이 서야만, 기로 남을 누를 수 있어야만, 반박 불가한 말솜씨를 갖고 있어야만 좋은 기사를 쓸 수 있는 걸까. 그냥 편한 모습, 날것의 내 모습, 자연스러운 내 모습으로는 좋은 기사를 쓸 수 없는 걸까.

고기자는 "가끔 일하다 보면 자아를 직업에 지나치게 의탁한 나머지 매사에 공격적이고 불평불만 많거나, 그냥 막말하는 건데 그게 솔직한 미덕인 줄 알거나, '나는 위대한 대기자이고 나 빼면 다 별로다'라는 인식을 갖거나, 배려 개념이 없거나, 타인을 무시하는 식의 분명한 결점을 '직업적 페르소나'의 일부로 삼는 이들이 있다"고 말한다.

실제로 이런 이들이 언론사에 많은 건 사실이다. 다소 자아가 강하지 않아서일까, 말투가 톡 쏘지 않아서일까, 속마음이 표정에 다 드러나서일까. 나도 고기자처럼 덕담인지, 위로인지, '아껴서 하는 말'인지, '걱정돼서 하는 말'인지, 그냥 아무 말인지 모를 얘기를 많이 들었다. "얘는 기자 오래는 못하겠다", "사회부 아니어도 할 수 있는 부서는 많으니까 뭐", "그냥 법조팀 가서 취재원 꼬셔서 시집가" 등. 뉴미디어 관련 업무를 하면서부터는 "너는 그거 하려고 기자 했냐", "그 부서로 인사 나서 심란하겠다", "언제까지 외곽에 있을래" 등. 심지어 취재원과 통화 이후 정신을 놓고 혼잣말로 화를 낸 적이 있는데 그걸 듣고 "사회부 기자 하기 딱 좋은걸"이란 덕담(?)을 건

넨 선배도 있었다.

이런 환경에 있다 보니 '나는 기자로서 부적격자인가' 내지는 '언론계의 아웃사이더'라는 회의적인 생각에 빠질 때가 많았다. 그들 말마따나 '언제까지 이렇게 아웃사이더로 이 바닥에서 버틸 수 있을까' 하는 자조에 사로잡히곤 했다.

그러던 중 2022년 여름, 《친애하는 나의 민원인》을 쓴 정명원 검사의 북토크에 간 적이 있다. 북토크 장소는 김소리 변호사가 법률사무실 겸 책방으로 꾸민 서울 관악구에 위치한 작은 공간. 당시 책방 인스타그램 계정에 올라온 "주류적 정체성을 갖고 있지만 동시에 비주류적 정체성도 품고 있는 점이 저랑도 비슷한 것 같아 동질감을 느끼며 재미있게 읽었습니다. 또 국숫집과 변호사 사무실을 같이 해보고 싶다는 꿈이 있으시다고 하여 더더욱 친근감이 느껴졌습니다"라는 글을 보자마자 북토크 신청을 했다.

'주류적 정체성과 동시에 비주류적 정체성'을 품고 있다라…. 바로 책을 구입해 단숨에 읽었다. 정명원 검사는 스스로를 '외곽주의자'라고 정의 내린다. 기소보다는 불기소를 더 잘하고, 특수부나 공안부보다는 형사부나 공판부 검사를 꿈꾸는 검사. 아니, 이건 그냥 '사회부 법조팀이나 정치부 국회팀보다는 따스하고 말랑한 기사로 여러 실험을 하는 뉴미디어 관련 부서를 좋아하는 손성원 기자'로 바로 치환할 수 있는 것 아닌가!

업계 내에서 인정하고 주목하는 곳보다는 다소 외곽에 있더라도, 조금은 말랑하더라도, 있는 그대로의 모습으로 있어도 괜찮은 곳. 나도, 정명원 검사도, 정 검사의 북토크를 기획한 김소리 변호사도, 다소 '외곽'에 있지만 그런 모습대로 또 좋고, 오히려 '내곽'보다는 '외곽'에서 행복하고 또 자신의 역량을 잘 발휘할 수 있는 이들이었다.

다행히 이제는 획일화된 기자 이미지가 조금은 다채로워지고 있는 듯하다.

외양부터 얘기해볼까. 방송기자들의 경우 얘기가 달라질 순 있겠으나 아는 젊은 기자 중엔 타투나 피어싱을 하는 이들도 왕왕 보인다(위협적이지 않을 정도로만). 사내에는 지금보다 훨씬 보수적이던 2000년대 초반 모 남성 기자 선배가 '김병지 컷(앞머리는 짧게, 뒷머리는 길게 두고 층을 내는 머리모양)'을 하고 왔다는 전설이 내려온다.

특히 수습기자 생활이 끝난 후 요즘 젊은 기자들은 그간

억눌려온 자기표현 욕구를 뿜어내기 시작한다. 타투, 염색, 피어싱, 희귀품, 갤럭시 또는 애플 워치 구매 등. 나는 17만 원짜리 네일을 했다. 노트북 자판을 두드리는 게 일상이다 보니 미국 가수 카디 비처럼 긴 손톱은 못 하고 짤막한 손톱에 끊임없이 파츠를 쌓아 올렸다. 일부러 왼손과 오른손에 우주와 아쿠아로 각기 다른 테마 네일을 했다.

일하다가 혼날 때 네일이 무기가 되는 순간을 경험해본 적이 있는가. 사무실에서 고성과 질책을 들으면서 무감각해지고 '죽고 싶다' 내지는 '이대로 땅속으로 떨어지고 싶다'는 생각이 자주 들던 때가 있었다. 내 존재 자체가 사라졌으면 하는 마음에 고개를 푹 숙일 때면 늘 시선을 강탈하는 손톱 위 작은 작품.

영화 〈벌새〉에는 이런 대사가 있다. "힘들고 우울할 땐 손가락을 펴 봐. 그리고 움직이는 거야. 아무것도 할 수 없을 것 같은데 손가락은 신기하게도 움직여져." 자괴감에 빠질 때면 손톱 위 작은 우주와 심해를 쳐다봤다. 지금 돌이켜 보면 내 나름의 '네일 마음챙김'이었다.

2, 3년 차에는 히피펌도 했다. 다행히 컬을 강렬하게 넣진 않아 대걸레를 머리에 꽂은 것 같은 느낌이 나진 않았다. 다만 폴리네시아 또는 하와이 어드메쯤에서 훌라 춤을 추고 있을

것 같을 뿐.

보통 기자 하면 떠오르는 진중한 분위기와는 거리가 멀긴 했다. 화려하다 못해 요란한 네일에 다 낡고 해진 아프리카풍 에코백까지 더해지니 기자는커녕 누가 봐도 월급쟁이가 아닌 프리랜서의 모습이었다. 유감스럽게도 나는 종합소득세가 아닌 근로소득세를 내는, 딱딱하고 냉철하고 이성적인 기사를 써내야 하는 월급쟁이 신문기자였지만.

머리를 자르고, 단정하고 깔끔하다 못해 서늘하고 진중한 분위기를 냈다면 조금 달라졌을까. 나는 더 이상 어설프게 '전형적인 기자다움'을 따라 하지 않기로 했다. 그냥 '나답게' '이런 기자도 있다'는 사실을 받아들이기로 했다.

솔직히 고백하자면 "따라 하지 '않기로' 했다"기보다는 "따라 하지 '못했다'"는 게 맞는 표현이긴 하다.

사회부에 있던 2021년 가을, 나를 만 2년 넘게 봐온 상담심리 전문가 선생님은 "쉬어야 할 것 같다"고 말했다. 앞서 말한 '나는 지금 기자다운가'라는 콤플렉스로 가득 차 있던 시절, 그것 때문에 업무 퍼포먼스도 효능감도 쥐어짜내도 나오지도 않고 메말랐던 시절, 나는 선생님한테 "이젠 더 이상 무슨 말을 해야 할지도 모르겠어요"라고 털어놨다. '기자다움' 여부 때문에 내가 뭘 해야 하는지도 온전히 떠오르지 않는 상태였다.

두 달을 쉬었다. 저연차, 그것도 한창 취재 현장을 뒤집고 다녀도 성에 차지 않아야 할 3년 차가 심리적 문제로 병가를 낸 것이다. 신입 공채 최종 면접에서 패기, 끈기 등을 내세웠던 취재기자가, '유리멘탈' 때문에.

휴직 기간 동안 내게는 버거웠던 '기자'로서의 페르소나를 잠시나마 벗어놓으며 스스로를 되돌아봤다. 나는 왜 이렇게 안 맞는 페르소나를, 안 맞는다는 사실을 아는데 외면하면서, 꿋꿋이 스스로에게 씌우려 했을까.

처음에는 남들을 탓했다. 나한테 "너 같은 애가 무슨 기자를" 혹은 "너는 못 버틴다"고 말했던 이들에게 당당하게 보여주고 싶은 마음이 컸다. '당신들이 무시했던 그 애가 이렇게 기자가 됐습니다'라고 보여주고 싶었다.

내로라하는 종합일간지 기자가 된 이후에는 무의식적으로 또 다른 목표가 생겼다. 나한테 "너는 기자 오래 못하겠다", "기자 잘 안 맞아 보인다"고 말했던 이들에게 '당신들이 무시했던 그 애가 이렇게 멋진 기자가 됐습니다'라고 보여주고 싶었다.

하지만 안 맞는 옷을 입고 끙끙대는데 멋진 기자의 모습을 보여줄 수 있을 리가. 사회부에 있을 때 비슷한 연차 기자들이 보여주는 만큼 성과를 보이지 못하니 괜스레 조바심이 났다. 그 누구도 나를 타인과 비교하지 않았는데 나 혼자 성과 압박을 느꼈고 나 혼자 괜한 열등감에 시달렸다. 휴직계를 낼 때는 그래서 '실패한 기자'라는 패배 의식을 내면화했다.

왜 그렇게 남들에게 '당신들이 무시했던 그 애가 이렇게 잘나간다'는 걸 보여주고 싶었을까. 어린 시절의 개인적인 환경과 상처들로 '강해져야 한다'는 압박과 복수심이 10년 넘게 무의식에 남아 있었다. 굳이 안 맞는 기자를, 그것도 업계 내에서 인정해주는 사회부 혹은 정치부 기자가 되고 싶었던 이유가 있었다. 어린 시절, 내게 필요했던 '관계에서 주도권을 가진', '남들 눈치를 보지 않는' 그 힘을 기자 일을 통해 얻고 싶었던 것이다.

세상에 복수하고 싶어서 좋은 학교 가려고 아등바등했고, 또 학교에서 받은 상처는 좋은 직장에 들어가는 걸로 복수하려고 이를 악물었다. 직장에 들어와서는 회사나 업계 안에서 인정받고 싶어서 끙끙댔다. 세부적인 변주만 있었을 뿐 늘 내 삶의 방향성은 그대로였다. 뭐라 하는 사람도 없는데 나 혼자서 딱 하나의 길만 보면서 달려왔다. 인생엔 참 여러 갈래가 있는데 그 하나의 길만 보면서 달려오느라 힘들었고, 결국 저연차 기자 때 넘어진 것이다.

생각해보면 나는 그 모든 복수 계획에 성공했다. 원하는 대로 삶이 흘러왔다. 보란 듯이 좋은 고등학교에 입학했고, 보란 듯이 활기 넘치는 대학 생활을 보냈고, 보란 듯이 당당하기 짝이 없는(?) 직업을 가졌다. 정작 내가 원하는 타이틀을 얻었음에도 그다음 복수, 그다음 인정을 위해 앞만 보고 달렸다. '복수'라는 패턴은 여전히 남겨둔 채 타깃들만 바꿔온 셈이다.

물론 복수심은 내게 동기와 동력이 돼줬다. 하지만 복수는 그 자체로 목표가 되진 못한다. 내가 끊임없이 또 다른 복수의 성공 이후를 꿈꿔온 이유다.

쉼을 가진 후 운 좋게 사내 공모에 당선되면서 마음돌봄 관련 뉴스레터를 내고 기사에 여러 기술적 실험을 할 수 있는 부서로 돌아가게 됐다. 언론계 사람들로부턴 "기자로 성공하고 싶으면 어서 사회부나 정치부 등으로 돌아와라"는 말을 많이 들었다. 디지털이나 뉴미디어 부서보다 사회부나 정치부에서 일해야 언론계에서 '진짜 기자'로 인정받을 수 있다. 말랑말랑하고 따스한 기사보다는 날카롭고 진지한 기사가 더 가치 있다는 분위기도 있다.

하지만 나는 휴직 기간 동안 깨달은 게 있었다. 이제는 '세상에 대한 복수'가 아닌 '나의 성공'에 초점을 맞춰야 한다는 것이었다. 그래서 외부로만 향했던 시선을 나 자신에게 돌리기로 했다.

그제야 내게 맞는 옷을 입었다는 느낌을 받았다. 깡과 패기로 어떻게든 이 악물며 여기까진 왔으나 결과적으로 독이 됐음을, 타고나기를 마음이 여리고 정이 많은 사람이 냉철하고 이성적이고 카리스마 있는 척하느라 힘들었음을 인정하기로 했다.

'내가 언론사에서 적응을 잘 못했구나'는 '언론사는 나에게 잘 안 맞는구나, 그런 상황에서 참 애썼다'로 바뀌었다. 마음돌봄 뉴스레터를 쓰게 된 것도 남들이 보기에는 좌절이나 실패일 순 있겠으나, 내게는 '내가 진정 잘할 수 있는 게 뭔지, 잘 맞는 게 뭔지'를 깨달을 수 있는 소중한 경험이 돼줬다.

아이러니하게도 이때부터 내가 원했던 것들이 다가오기 시작했다. 독자들과 업계의 반응도 훨씬 피부 가까이 다가왔다. 미디어 전문지들의 인터뷰 요청, 외부 기고 요청, 강연 요청 등이 연이어 들어왔다.

게다가 더 깊은 취재도 가능해졌다. 연애 관련 책을 쓴 정신과 전문의를 인터뷰할 때는 책에 나온 이별 오답 노트를 보여주며 "대체 왜 차인 건지 모르겠다"고 말하기도 했다. 음악 애도치료 취재 때는 상담실 너머 어린 손녀를 기다리는 중년 여성의 모습을 보고 얼마 전 돌아가신 외할머니가 생각나 원 없이 울기도 했다. 명상 체험기를 쓰러 간 곳에서는 춤 명상 시간에 직업적 체면 탓에 잠시 망설이기도 했지만, 눈을 질끈 감고 몇 년 만에 사지를 흔들어댔다.

인턴기자 시절 길거리 시민 취재 중 "기자가 그것도 몰라요"라는 핀잔을 듣고 지하철 화장실에서 한 시간 넘게 울었던 적이 있다. 이제는 천연덕스럽게 "몰라서 여쭤보는 거니 알려주세요"라며 웃어 넘기는 여유가 생겼다. "기자인데 포스가 없으시네요"라는 악의 없지만 다소 무례한 말에는 "이런 기자도 있어야죠"라며 쿨하게 대답한다.

관계에서의 건강한 주도권, 흔들리지 않는 자신감, 말리지 않는 당당함. 내가 그토록 센 척하면서 갖고 싶었던 내면의 힘은 센 척을 내려놓은 지금 오히려 더 강해졌다.

가면을 내려놓고 진짜 내 모습을 껴안을 수 있게 된 지금, 날 옭아맸던 이 직업은 이제 나에게, 나아가 타인에게 새로운 기회가 되고 있다. 나는 거칠고 드센 강한 멘탈을 지닌 '전형적인 기자'는 아니다. 권력에 맞서 싸우기엔 너무나 유약하다. (이 책이 나오는 2025년 현재, 나는 지인들에게 '말랑 호소인'이라는 애기를 듣는다. 더 이상 말랑하지 않은 내가 스스로를 말랑하다고 말하고 다녀서란다. '자칭 말랑인', '말랑 코스프레' 뭐 그런 맥락인 듯하다.) 그래도 마음이 아픈 현대인의 목소리에 귀를 기울이고, 함께 고민하고, 그들에게 도움이 되는 방향을 제안하며 내 몫을 충분히 해내고 있다.

내 치부와 지난날의 상처가 또 다른 누군가에게 위로와 희망이 될 수 있다면 그것은 더 이상 부끄러운 상처가 아닐 것이다. 더 많은 사람들이 이 책을, 내 기사를 통해 마음을 나누고 온전히 공감받고 연결을 느끼기를 바란다.

시간 낭비 서비스로 마음돌봄 실천하기

고백하건대 나에게는 여덟 개의 인스타그램 계정이 있다.

그 나름대로 각 계정의 쓸모는 다르다. 학교·회사·교회 지인들과 소통하는 본캐 계정, 웰니스·생태주의·페미니즘·독서 등 취미 활동으로 알게 된 지인과 연결된, 조금 느슨한 관계의 부캐 계정, 요가 수련 기록 계정, 운동선수 덕질 계정, 미라클 모닝 등 리추얼을 기록하는 갓생 계정 등. 이외에 공식 계정만 팔로우하는 유령 계정도 있다.

느낌이 좋던 어느 한 소개팅 자리에서 그 사실을 고백하자 상대 남성의 동공이 흔들리는 것을 봤다. 물론 그와는 잘 되지 않았다.

복잡한 현대사회에서 누가 한 가지 페르소나만으로 사는

가. 나에게 인스타그램은 그 모든 페르소나를 충분히 다져가고 꼭꼭 씹어 먹는 공간이다. 회사 사람들과 연결된 계정에다가는 차마 나의 '조용한 사직(일을 그만두는 것은 아니고, 다만 주어진 일 이상의 노동과 열정을 바라는 허슬 문화를 그만두는 것)' 행위와 꿀렁한 뱃살 다 보이는 요가 수련 사진을 올릴 수 없기에 취미 계정에 올리는 것이고, 레거시 미디어에 환멸을 느끼는 진보적인 이들이 다수인 취미 계정에다가는 차마 내가 신문사 기자로서 얻은 성과를 올릴 수 없기에 본캐 계정에 올리는 것이다.

물론 아차 싶을 때도 있었다. 동성애 혐오를 반대하는 문구를 교회 사람들이 볼 수 있는 본캐 계정에 올리는가 하면, 노릇노릇 구워지는 소고기 사진을 비거니즘veganism이 담긴 부캐 계정에 올린 적도 있다. (변명하자면 그 계정은 내가 채식을 한창 할 때 만든 계정이었다. 현재는….)

최근 사이드 프로젝트에 대한 토론 모임을 한 적이 있다. 자기만족과 자아실현을 위한 부캐, N잡, 다능인, 사이드 허슬 등에 관심 있는 사람들이 모였다. 그곳에서 누군가가 내게 "어떤 게 본캐 계정이냐"고 물었다. 잠시 고민했다. 당연히 본명과 본업을 앞세우는 첫 번째 계정이 본캐라고 할 법도 했으나, 이렇게 답했다.

"둘 다 제 본캐예요. 어느 것 하나 주主가 아니라고 할 수 없어요."

김수지 MBC 아나운서는 한 예능 프로그램에 나와서 자신의 부캐인 작사가로서의 모습을 이렇게 얘기했다. "아나운서가 된 이후에도 끊임없는 비교와 자존감 저하로부터 나를 지키기 위해 마음을 분산시킬 다른 길을 세워둔 것이다. 나에게 작사란 내 자존감을 지켜주는 방패이자 두 세계를 지탱해 주는 힘이다."

나도 마찬가지다. 때로는 기자 손성원의 모습을 던져버리고 그냥 '요기니(요가하는 여성)'로서의 모습만 보여주고 싶을 때가 있다. 모든 계급장 다 떼어버리고 그저 오롯이 요가를 좋아하는 내 모습만. 그럴 때 요기니 계정으로 도망친다. 그곳에서 조금은 딱딱하고 이성적인 신문기자의 페르소나는 없다.

그리고 요기니 계정에서는 오직 요가라는 매개체로만 세상과 연결되고 싶다. '왜 나는 파스치모타나사나(앉은 전굴 자세)를 하지 못할까', '우르드바다누라사나(몸통을 위로 한 활 자세)에서 어깨가 충분히 열리지 못하는데 왜 이럴까' 등 요가 고민만 올려도 충분히 깊은 토론이 가능하다.

요가는 움직이는 명상이라고들 한다. 한 시간여 동안 몸을 움직이고 난 뒤 사바아사나(송장 자세)를 하면서 5분간 죽음에 들어가는 시간이 있다. 말이 자세지 일반인 입장에선 그냥 누워서 숨을 고르며 쉬는 시간이다. 그런데 그때 의외로 큰 깨달음이 찾아온다. '아, 뻣뻣한 몸을 이끌고 한 시간 동안 열심히 호흡하며 움직인 나 자신, 사랑스러워', '서울은 참 사랑스러운 도시야'(층간소음 때문에 몇 년간 맘고생을 많이 했다. 심지어 여전히 윗집에서는 쿵쿵대는 소리가 들리던 상황이었다) 등…. 뭐 이런 평상시에는 그저 싫어하던 것들을 조금씩 있는 그대로 받아들이는 경험을 하다 보니, 이건 평생 가져가야 하는 운동이라고 느꼈다.

요가 철학에서는 이런 깨달음도 요가의 일부로 본다. 이런 사소한 생각도 SNS에서 함께 나누다 보면 어느새 인스타그램 계정이 빼곡해져 요가 기록용 부계정을 따로 만들지 않을 수가 없다.

새벽 5~6시쯤 기상해 미라클 모닝을 하면서도 좋은 마음 돌봄 경험을 자주 하곤 했다. 코로나19 대유행 2년 차가 되던 2021년, 새벽 6시 기상을 시작했다. 코로나19로 전 세계의 일상이 무너지던 시기, 나 또한 풀 재택근무를 하면서 고민의 시간이 숱하게 찾아왔다. '기자라는 직업을 시작한 지 이제 만 1년을 넘어가고 있는데 잘하고 있는 걸까', '믿었던 관계들이 코로나19로 조금씩 그 바닥을 드러내고 있는데 괜찮은 걸까'

등…. 그런 생각이 들 때마다 그냥 어김없이 매일 아침 천천히 내 일상을 성실히 꾸려나갔다. 특별한 이벤트가 없는 적당한 새벽녘에 나를 돌보는 조용한 습관만큼은 잊지 않기로 한 것이다.

새벽 5시 30분에 일어나자마자 습관 인증 앱을 켜서 양치하는 사진을 찍었다. 교회를 다니고 있기에 30분간 성경 한 쪽을 읽었다. 인스타그램에서 알게 된 어느 전업주부가 성경 읽기 모임을 열었다. 같이 성경을 공부하는 건 아니고 각자 원하는 분량을 30분간 읽고 마지막엔 돌아가면서 인상 깊은 구절을 공유하고 따로따로 기도하고 마무리한다.

이후 6시가 되면 또 화상으로 스무 명 정도와 만나 한 시간씩 각자 책을 읽고 인증 사진을 남기고 조용히 인사를 하고 나간다. 나는 주로 마음을 돌볼 수 있는 책을 읽었다. 독서를 끝내면 마음속에 꼭꼭 눌러 담고 싶은 문장 하나를 기록해둔다. 어느 날은 눈을 뜨자마자 모닝페이지를 쓰기도 했다. 15분 정도 머릿속에 지나가는 모든 생각을 다 기록하는 것이다. '배고프다'부터 갑자기 떠오른 '전 남자 친구를 죽이고 싶다(?)'는 날것의 문장까지 다 적는다. 그 당시에는 이게 좋다는 얘기만 듣고 시작했는데 지금 돌이켜 보니 당시 내 마음의 엑스레이를 차곡차곡 찍어둔 것 같다.

이 모든 루틴을 다 한 뒤 인증 사진들을 모아서 인스타그램에 올린다. 그렇게 내 갓생 계정은 일상 기록을 넘어 내 마음의 엑스레이 저장소가 된다. 물론 하루도 거르지 않고 갓생을 살아가다 보면 번아웃이 오기 마련이다. 그럴 때는 잠시나마 책임감과 부담감을 내려놓고 그냥 늦잠도 자보고 다시 나에게 맞는 루틴으로 조정해가면 된다.

　인생에는 참 여러 갈래가 있는데 한국 사회는 종종 우리에게 딱 하나의 길만 보면서 달려가게끔 강요한다. 그래서 하나의 길에 위기가 닥칠 경우 다른 길이 있다는 사실을 알지 못한 채 패닉에 빠져버리기도 한다. 부캐와 부계정의 쓸모는 여기서 발휘된다. 나를 둘러싼 세계에 여러 갈래의 길이 있다는 점을 잊지만 않으면 우리 마음은 쉽사리 무너지지 않을 것이다.

　어느 날 회사의 높은 분이 "요즘 세대 유행이 뭐냐"고 묻길래 부캐 얘기를 했다. 내 '자존감 포트폴리오 전략'을 듣던 그는 "그러다가 정신분열병(조현병) 오는 거 아니냐"고 했다.

　글쎄다. 가끔 헷갈리는 건 사실이다. 하지만 아등바등 경쟁에 시달리며 학창 시절을 보내온 내게 이 전략은 비교 지옥에서 벗어나기 위한, 나만의 확신을 갖기 위한 방안이다. 정신없고 복잡할지언정 영리하게 나만의 삶을 꾸려나가기 위한 방도다.

시간 낭비 서비스. 혹자가 SNS를 두고 남긴 명언이다.

그러나 나에게 SNS란 마음돌봄 수단 중 하나일 뿐이다. 일대일 카카오톡 메시지를 보내기엔 어색하고 그렇다고 아예 연락을 끊고 싶지는 않은 이들의 일상을 간간이 볼 수 있는 창구이기도 하다. 일각에선 '가끔 볼까 말까 한 지인을 평생지기인 것처럼 온갖 이모티콘 붙여가며 대화하는 붕당정치의 후계자들'이라고 한다. 하지만 때로는 그런 느슨한 관계가 필요하기도 하다. 끈끈하고 질척이는 관계도 좋지만 가끔은 진한 관계가 부담스럽거나 질릴 때도, 느슨한 연대 속에서 마음이 편해질 때도 있지 않은가. 또 우연히 만났을 때 스몰토크 주제가 생기는 건 덤이다.

나와 취미가 같은 이들의 기록을 보며 자극을 받기도 한다. 단순한 열등감이나 질투와는 다르다. 열등감이나 질투는 타인을 깎아내리는 못난 마음이지만, 누군가에게 도전하고 싶어지는 건 타인을 통해 나도 성장할 수 있는 '윈윈'의 기회가 되기도 한다.

여기서 핵심은 '비교로 인한 박탈감 느끼지 않기'다. 두산백과사전에서는 '상대적 박탈감'에 대해 "개인이 실제로 잃은 것은 없지만 다른 사람과 비교하여 상대적으로 자신이 부족하다고 느끼거나 무엇을 빼앗긴 듯한 기분을 느끼는 것"이라 말한다.

물론 나도 상대적 박탈감을 느낀 적이 없는 건 아니다. 이 얘기를 하기 전에 먼저 2022년 초부터 생긴 새로운 취미를 소개하고 싶다. 나는 요새 나이트 루틴으로 잠들기 전에 영유아 릴스를 본다. 유해한 세상에서 무해한 아기들의 웃음을 보며 힐링하는 것이다. 2021년 말, SNS 지인이 아기를 낳았다. 출산에 별뜻이 없는 나는 그를 보면서 '아기란 귀여운 존재'라는 사실을 처음 깨달았다. 그러다가 조금씩 SNS에서 유명한 아기들이 알고리즘에 뜨기 시작했다. 그들을 팔로우하면서 세상에 이런 무해한 존재도 있음을 깨달았다.

내 최애 아가는 '또치'라는 별명을 가진 남자아이다. 정확히 2022년 봄에 돌 무렵의 그를 알게 됐고 이 책이 나오는 현재까지도 좋아하고 있다. (내 또래인 또치 맘이 "좋은 소식 생기면 나에게도 알려달라"고, "결혼과 육아 전까지 하고 싶은 걸 무조건 다 하라"고 먼저 얘기해줄 정도다.) 또치의 인스타그램 스토리가 올라오지 않는 날에는 엄마에게 DM을 보내 안부를 묻기도 한다. 요 근래에는 릴스 몇 편이 대박 나서 '랜선 주접 이모' 타이틀을 빼앗길 위기다.

어쨌든 랜선으로만 하던 아가 덕질을 현실에서도 실천하기 위해 교회 영유아부 교사 봉사도 시작했다. 태어나서 영아를 한 번도 돌본 적 없는 나는 랜선으로 익힌 육아 스킬을 활용해 그들을 돌보고 있다. 부모들이 아기를 잘 본다고 칭찬도 해준다. 심지어 내가 부모들보다 요새 잘나가는 아기용품 브랜드를 더 많이 알고 있을 정도다.

가끔 일면식도 없는 어머니들이 내 인스타그램 스토리를 보기도 한다. 누가 봐도 싱글인, 웬 모르는 여성이 종종 랜선 조카 계정에 주접 댓글을 달며 '육아 소통'을 하고 있으니 당황스러울 법도 하다. 그래서 얼마 전엔 프로필 소개 글에 "아이들을 좋아해요. 해치지 않아요"라고 달기도 했다. 혹시나 오해할까 봐. 한번은 누군가가 나에게 DM으로 "육아 맘분들과 소통하고 싶어서 선팔해요"라고 말을 걸었다. 죄송하지만 육아는커녕 배우자 후보감조차 없는 명백한 싱글이다.

여하튼 이렇게 랜선 육아 취미를 즐기던 중 우연히 20대 초반에 절친이었던 대학 동기가 어느새 팔로워 8만 명을 바라보는 육아 인플루언서가 됐다는 사실을 알았다. 물론 나는 하고 싶은 일을 하며 좋은 사람들과 좋은 관계를 맺으며 살고 있지만, 왠지 모르게 마음이 좋지 않았다. 그 친구는 여전히 예뻤고 밝아 보였고 즐거운 연애를 거쳐 결혼 생활도 잘 꾸려나가고 있는 것처럼 보였다. 나는 살도 많이 쪘고, 이전의 깨발랄한 외향인의 모습은 사라졌고, 여전히 '연애 고자'인데.

예전 같았으면 '여전히 머리에 든 거 없이 사는구나'라며 내 멋대로 그의 삶을 재단하려 했을 것이다. '나는 너희와 달리 사회적 고민을 많이 하고 생각이 깊은 인텔리야'라며 값싼 자기 위로를 하면서. 하지만 인생의 여러 굴곡을 넘은 지금은 단순히 SNS에 올라온 사진만으로 그 친구의 내면과 삶을 판단하지 않으려 한다. 그냥 스쳐 지나간 한때 인연을 보면서, 내 변화의 서사를 되돌아볼 뿐이다.

미디어 리터러시처럼 SNS 리터러시도 있으면 좋겠다. 나도 20대 초반에는 SNS에 올라온 사진만 보고 누군가를 내 멋대로 해석해 깎아내리거나 내 모습과 비교해 한탄하기도 했다.

그러나 이제는 안다. SNS는 삶의 어떤 순간들만을 모아놓은 도구이지 삶의 전부는 아니라는 걸. 이 사실을 인지해야 SNS에 끌려다니지 않고 영리하게 스스로에게 도움이 되는 방식으로 SNS를 사용할 수 있지 않을까.

최근 인스타그램 앱을 한 주 동안 42시간 53분 사용했다는 기록에 뜨끔했다. 42시간 53분이 많은가 싶었지만 우리는 주 40시간, 최대 52시간 일하는 삶을 살고 있지 않은가. 거의 일하는 시간만큼 인스타그램에 쏟고 있는 셈이다. 물론 나도 SNS를 하다 보면 '현타'가 올 때가 있다. '나만 고양이 안 키우나', '나만 디올 북토트백 없나', '나만 오마카세 안 가나', '나만 브라이덜 샤워 안 하나'….

그러나 열세 살 때부터 버디버디, 싸이월드, MSN, 페이스북 등을 거치며 차곡차곡 쌓아온 나만의 노하우가 있다. SNS를 하다가 마음이 가라앉는다는 느낌이 올 때 적당히 거리 두는 법을. 그럴 땐 앱을 삭제하고 보지 않되, 또 기록하고 싶은 게 생기면 잠시 앱을 다시 깔아 기록만 하고 또 삭제한다. 혹자는 "그럴 바엔 그냥 삭제를 하지 마"라고 하지만, 마음돌봄 측면에서 지속 가능하면서도 영리하게 사용하려면 이 정도 부지런은 떨어줘야 한다.

SNS에 빠져드는 게 아니라 건강한 습관을 위해 SNS를 역이용할 때, 즉 디지털 세상에 끌려가는 게 아니라 내가 건강하게 디지털 세상을 끌고 갈 줄 알 때, 비로소 SNS 중독에서 자유로워질 테다.

이런 맥락에서 인스타그램을 인사이트 저장소로 사용하기도 한다. 콘텐츠 홍수에서 엄지손가락을 바쁘게 쓰면서 지적 자극을 채우는 것이다. 아무래도 다소 마니악한 트위터(현 엑스), 한물간 듯한 페이스북보다는 보편적으로 쓰이는 인스타그램에서 다양한 콘텐츠, 큐레이팅, 유저를 만날 수 있는데, 그렇기 때문에 엄지손가락 터치 몇 번만으로 지적, 심리적, 정신적 자극을 받는다. (물론 해로운 자극도 많다. 그럴 땐 역시나 엄지손가락 몇 번으로 자극을 눈앞에서 치워버린다.)

SNS에서 내게 지적, 감성적 자극을 많이 준 계정은 MZ 세대에게 미라클 모닝을 전파한 미국 변호사 김유진 씨다. 그는 한 예능 프로그램에서 '나에게 마지막 한마디를 하고 떠나야 한다면?'이라는 질문을 받고 "'나 잘 살았지?'라고 물어보고 싶어요"라고 답했다. 그리고 인스타그램에 그 뒷이야기를 덧붙였다.

"여기서 '잘 살았다'의 의미는 변호사 시험에 합격한 것, 대기업에 취직한 것, 팔로워가 20만 넘는 유튜버가 된 것, 베스트셀러 작가가 된 것 모두 아니다. 외로움을 극복한 것, 어려움 속에서도 즐거움을 찾은 것, 상처를 입어도 회복할 수 있었던 것, 다른 사람들의 비판과 평가에 흔들리지 않고 당당했던 것, 다시는 못 할 만큼 무언가 열심히 해봤던 것… (후략)"

나는 바로 리그램을 하면서 이렇게 썼다.

"나도 사회적으로 성공하고 싶어서 이 악물고 아등바등

살아왔는데 지금 내게 남은 건 명함, 타이틀, 연봉, 명예가 아님. 과정에서 얻은 내적 자원들임. 물론 결과를 내야만 하는 이 각박한 현실에서 '과정이 중요~', '졌잘싸(졌지만 잘 싸웠다)~' 이러면 '넌씨눈(넌 씨X 눈치가 없냐?)' 취급을 받지만, 그래도 나는 단순히 '일잘러'보단 과정을 말할 줄 아는 사람이 좋다. 그리고 참 잘 살아왔다고 토닥여주고 싶다."

그러자 이런 댓글들이 달렸다.

"과정을 말할 줄 아는 사람, 너무 공감 가는 글이다", "저도 얼마 안 되는 인생 돌이켜 보면 과정에서 얻은 게 결과물보다 값질 때가 많아요. 그 지난한 시간을 거쳐온 당사자에게만 쌓이고 누릴 수 있는 정신적 충만함인 것 같아요. 좋은 포스팅 감사해요" 등….

이렇듯 SNS는 성장의 궤적을 그려놓는 스케치북 역할을 한다. 내 마음의 상태와 깨달음을 적으면서 지인들과 소소히 나누는 메모장. 나는 인스타그램 스토리 기능을 자주 사용하는 편이다. 24시간 만에 사라지기에 휘발성이 크지만 그만큼 가볍게 부담 없이 올리기 좋다. 5년 넘게 내 일상과 인사이트, 깨달음을 봐온 한 지인은 "네 인스타그램을 보면서 나도 같이 성장하는 느낌이야"라고 했다.

때로는 분노와 좌절의 그림도 그리지만 따스한 시선으로

지켜봐주는 이들 덕에 다행히 내 SNS 스케치북 속 그래프는 오르락내리락할지언정 현재까지 우상향 중이다.

당당하게 SNS로도 마음을 돌볼 수 있다고 공언하는 이런 글을 쓴 지 반년 만에 SNS 디톡스 역대 최장기 신기록을 매일 경신하게 됐다. (그래 봤자 한 달 반밖에 지속되지 않았다.) 엄밀히 말하자면 SNS 자체를 쉰 건 아니고 인스타그램 계정을 비활성화했다. 업무용 공식 계정 외에는 모두 닫았다. 마음을 해치는 공간을 마음을 돌보는 도구로 역이용하는 것도 내면에 에너지가 차 있을 때 가능하다는 사실을, 인스타그램 계정을 만든 지 만 4년 만에 깨달았다.

내가 이리저리 애쓰면서 SNS로 마음을 돌볼 때, SNS 구조상 타인은 나의 이 복잡다단하고 '맵단느짠(맵고 달고 느끼하고 짠, 나의 경우는 짠한)' 맥락을 단편적으로밖에 보지 못한다. 보이는 모습만으로 나라는 사람과 내 삶이 판단되기 쉽다.

나는 다른 인스타그램 사용자들에 비해 오만 희로애락과 의식의 흐름을 SNS에 올리는 편이다. (주변 언니들이 이성을 꼬시려면 이런 '너무 인간적인 것들'과 '빙구 같은 드립'을 SNS상에서 자제할 필요가 있다고 충고할 정도다.) 가볍게 일상적인 애哀('크리스마스 연휴에 매일 3000칼로리씩 먹다가 위경련이 와서 연말에는 집콕을 했다')와 노怒('영화관에 갔는데 옆자리 대학생 커플이 자꾸 꽁냥거려서 머리 한 대 콩 쥐어박고 싶었다')를 올리기도 하지만, 인생에서 큰 변곡점이 될 정도의 깨달음과 상처를 고백하기도 한다.

부끄러운 얘기지만 7년 전에 교환학생 마치고 한국으로 돌아왔을 때 '왜 한국인들은 Excuse me를 안 하고 개매너일까'라는 생각에 한동안 화가 많이 났다. 엄마는 '원래 그런 걸 어떡해'라고 했지만 도저히 받아들여지지 않았다. 지금은 그마저도 다 수용 가능하고 '에잉 쯧 여유들이 없군' 하고 마는데 어느새 나도 모르게 그런 기준이 다른 곳을 향해 있었다. 정작 지금 나는 내 주변 사람들을 향해 그런 날카로운 잣대를 들이밀고 있었다. 내 마음에 틈이 생기길, 그래서 나도 좀 편히 숨 쉬고 살 수 있길.

_2023년 4월 17일에 올린 인스타그램 스토리

문제는 이렇게 잔잔하고 담담하게 내 생각을 올리기도 하지만 토종 한국인답게 풍자와 해학을 섞어서 웃음으로 승화하는 글도 많이 쓴다는 점.

예를 들면 유명 목사님의 유튜브 영상과 자막을 캡처한 뒤 이런 코멘트를 단다.

"좋습니다, 주님. 고난 실컷 주세요."(유튜브 자막)

"싫습니다, 주님. 고난 그만 주세요."(내 코멘트)

"시험을 면제해주지 마시고 이길 힘을 주세요. 다만 이길 수 있는 힘을 제게 같이 주세요."(유튜브 자막)

"이길 힘 없어도 되니 그냥 시험 면제해주세요!"(내 코멘트)

혹은 이런 식이다.

"마음대로 되는 게 하나도 없는 요즘이다. 싸우자, 이 거지 같은 세상아."

그리고 그다음 스토리에는 이렇게 쓴다.

"그리고 또 조져지는 건 나였다."

또는 드라마 〈더 글로리〉에서 학교폭력 가해자 박연진이 "왜 없는 것들은 세상에 권선징악, 인과응보만 있는 줄 알까?"라고 말한 걸 캡처한 뒤 이렇게 덧붙인다.

"하나 더 있지, '지팔지꼰(지 팔자 지가 꼰다)'."

때로는 정말 힘들 때 마음을 이렇게 털어놓는다.

"화가 너무 금세 차오르는 요즘이다. 이제는 저 인간 구족을 멸해달라는 기도조차 안 나온다." (구족은 9대에 걸친 친족을 뜻한다. 꽤나 강한 저주다.)

그리고 눈과 이마가 동그란 내 얼굴 셀카를 함께 올린다. 왠지 너무나 맑아 보인다.

내 인스타그램 피드상의 애드리브와 댓글상의 티키타카, 갓생 사는 일상과 여러 커뮤니티 활동을 보면 통통 튀고 발랄해 보이고 도파민을 추구할 것만 같은 이미지다. (인스타그램만 본 사람들에게서 MBTI가 ENTP라는 오해를 자주 받는다.)

실제 나는 커뮤니티 활동 후 며칠은 집에서 쉬어야 재충전이 되는 사람이다. 발랄하고 밝은 모습도 있지만 차분하고 진중한 대화가 존재하지 않는 삶은 상상조차 하기 싫다. 연애 관찰 프로그램 〈하트시그널 2〉에서 두근거리는 설렘과 자극을 주는 연인 관계를 도파민형 사랑으로, 잔잔하지만 안정적이고 행복을 주는 관계를 세로토닌형 사랑으로 표현한 바 있다. 짧게 보면 도파민형 인간 같지만 더 깊은 관계에서는 세로토닌형 인간임을 날 오래 봐온 주변 사람들은 모두 다 안다.

입장 바꿔 생각해보면 나처럼 SNS에서 애드리브를 치는 사람은 이미 고난을 잘 이겨냈거나 힘든 일을 겪어도 웃어 넘기는 넉넉함과 여유가 있어 보일 것 같다. 심지어 자신의 취약성을 공개하는 모습이 강해 보일 듯하기도 하다.

하지만 '지팔지꼰'을 바라며 속으로 삼켜내야만 했던 눈물은, 고난 한가운데서 어떻게든 이겨내보려고 발버둥 치는 안쓰러운 모습은, 취약성을 보여줄 수 있기까지 꽤 오랜 시간이 걸렸던 내 고민은, SNS에 잘 드러나지 않는다. 물론 이런 애드리브를 치는 포스팅만 보고도 나의 지난한 과정을 읽어내는 사람들도 있다. 가끔 이런 사람들을 만나면 존경심이 솟아오른다.

나라고 전체 맥락이 소거된 단편적인 면만 보이는 이 세계의 모순을 몰라서 그저 순진한 모습으로 SNS에 깊게 몸 담근 건 아니다. 대학생 때 페이스북에 가끔 감성 가득하고 진지한 글을 올리고 나면 "안 그래 보이는데 이런 생각을 하고 있는지 전혀 몰랐다"며 의외라는 반응이 주를 이뤘다.

SNS에서 일부러 밝은 척, 여유로운 척, 강한 척을 하는 것도 아니다. 나는 실제로도 밝고 여유로우며, 조바심을 웃음으로 승화시키는 힘을 갖고 있다.

다만 우아한 물 위의 백조처럼 보일 뿐이다. 평화롭고 우아해 보이지만 수면 아래에서는 물장구가 쉴 틈 없이 이어지고 있다. 물장구마저도 잠시 쉬고 있는 지금은 수면 위 우아한 백조로 보는 시선조차 감당하고 싶지 않아서 SNS 활동을 멈춘 것이다.

그러나 조금만 더 에너지가 채워진다면 언제든 인스타그램 계정을 다시 열 의향이 있다. 사실 이 글을 쓰는 오늘 밤에 당장 열지도 모를 일이다. (이 원고를 다 쓰고 이틀 후 SNS 활동을 재개했다. 하지만 아직 에너지가 100퍼센트 돌아오지 않아 다섯 개만 열어뒀다.)

페이스북 시절 친한 친구들끼리 서로 박탈감을 주고받다 못해 상처를 입혀 관계가 파탄 난 경험이 있는 내가, '쓸데없는 짓 1위'로 꼽히는 인스타그램 앱을 굳이 다운로드한 데에는 웃지 못할 이유가 따로 있다.

혹시 거위털과 기싸움을 해본 적이 있는가. 부끄러운 얘기지만 나는 자주 그랬다. 예민하다 못해 누군가와 살갗이 닿는 건 물론이고 심지어 옷자락이 닿는 것도 불쾌했다. 패딩을 입는 겨울이 다가오면 아무래도 지하철 좌석에 앉을 때 옆 사람과 거리가 가까워지는데, 그의 패딩과 내 패딩이 닿는 것조차 불편해하곤 했다. 말 그대로 옆 사람의 거위털(혹은 오리털일지도 모를)을 두고 혼자 끙끙대는 것이다.

예민함 때문에 부정적 감정이 자주 떠오르는 걸 막기 위해 시선을 분산하려고 시작한 게 인스타그램 활동이었다. 화려한 시각 이미지의 향연에 빠지면 촉각을 비롯한 여러 감각을 느끼는 걸 줄일 수 있지 않을까 싶어서. 촉각이 주는 자극이나 머릿속 잡념을 디지털 도파민이 주는 쾌락으로 덮어버리자는 취지다. 넷플릭스나 유튜브 같은 OTT는 내게는 10초만에 손가락 터치 한 번으로 또 다른 새로움을 주는 SNS만큼 즉각적인 효과를 제공하지 못했다.

그렇게 시작한 '시간 낭비 서비스'가 시선 분산 도구가 돼주었고 여러 깨달음 그리고 원고에 쓸 글감까지 줬다. 이러니 내가 어떻게 SNS를 영영 끊을 수 있으리오.

출퇴근 '지옥철'에서 매우 민감한 감각을 다스리기 위해 시작한 인스타그램이 마음돌봄까지 도와준다는 민간요법은 다행히(?) 과학적으로도 입증되었다. 글로리아 마크 UCLA 정보학과 석좌교수는 "짧은 휴식을 취하고 의도적으로 [아무 생각 없이 하는 SNS 서핑 같은] 무심한 활동을 하면서 긴장을 풀 수 있다"(《집중의 재발견》, 32쪽)는 사실을 연구를 통해 알아냈다. 스트레스가 없는 쉽고 흥미로운 행위에 주의 집중하면서 부족한 인지 자원을 보충할 수 있기 때문이다. 심지어 대면에서의 상호작용과 페이스북에서의 상호작용에서 사람들이 느끼는 행복감을 비교했을 때도, 커뮤니케이션을 하는 그 순간에는 대면에서 더 큰 행복을 느낄지라도 하루를 마무리하는 시점을 기준으로 했을 때는 페이스북에 더 많은 시간을 할애

할수록 더 행복하다는 실험 결과도 있었다. 물론 의식적으로 SNS를 각자의 필요에 맞게 활용 가능하다는 전제가 있어야 하겠지만 말이다.

　하지만 이것만큼은 명확히 해두고 싶다. 내 최종 목표는 마음돌봄이다. SNS는 그 수단일 뿐이다. 주객이 전도된다면 지금처럼 과감하게 잠시 이 세계를 벗어날 준비가 언제든 돼 있다.

2장

세상은 넓고 내 마음 맡겨볼 곳은 많다

심리검사
도장 깨기

'캐해'라는 인터넷 신조어를 아는가. '캐릭터 해석'의 준말로, 자신의 성격과 특징, 성향을 분석하고, 어떤 상황에서 어떻게 행동하고 말할지 알고자 하는 걸 뜻한다. 요즘 젊은 세대는 MBTI, 사주, 타로 등 자신의 정체성을 파악하려 하고, 이걸 사람들과 나누는 데 전혀 거리낌이 없다.

2010년대부터 '자기 PR 시대'라는 말이 유행하기 시작했다. 상품, 서비스의 마케팅뿐만 아니라 취업시장에서도 개개인이 스스로를 알맞게 브랜딩해서 널리 알리는 게 당연해진 사회 분위기가 생겼다. 자기 자랑과 셀프 홍보가 팔불출의 특징이 아닌, 시대가 요구하는 기본 덕목이 된 지 벌써 10년도 더 지난 셈이다.

자기 PR은 스스로의 강점과 장점을 잘 파악하는 데서 출발하지 않나. MZ세대가 '셀프 캐해'에 집중하게 된 것도 이런 맥락에서 시작된 게 아닐까 싶다. 지피지기면 백전백승이라 했으니, 무한 경쟁 사회에서 승자로 살고 싶다면 우선 나부터 잘 알아야 한다.

MZ세대 전문 미디어 캐릿이 Z세대 150명을 대상으로 인터뷰한 결과, 절반에 가까운 1020이 "나에 대해 더 자세히 알기 위해 유료 서비스를 이용해본 적이 있다"고 답했다. 나 또한 마찬가지다. 앞서 언급한 TCI를 비롯해 미네소타 다면적 인성검사Minnesota Multiphasic Personality Inventory, MMPI, 문장 완성 검사Sentence Completion Test, SCT, 집-나무-사람House-Tree-Person, HTP 그림 검사 등과 같이 전문 심리상담 센터에서 주로 다루는 심리검사뿐만 아니라, 교류 분석Transactional Analysis, TA 검사나 K-OCEAN 5요인factor 성격검사 등 나를 더 알 수 있는 검사라면 고민도 없이 시간과 돈을 투자했다.

물론 나를 제대로 알기 위해선 전문가의 검증을 거친 심리검사도구여야 한다는 내 나름의 원칙을 세웠다. 온라인에서 흔히 볼 수 있는 심리테스트도 가끔 참고할 만하고 재미도 있지만, 한 개인에 대한 심층적이고 분석적인 이해를 하기엔 부족하다고 생각했다. 마음 놓고 돈, 시간, 마음(!)을 투자하려면 최소한 표준화된 방식에 따라 충분한 연구를 통해 신뢰도와 타당도가 검증된, 자격을 갖춘 공인된 전문가만이 실시하고 해석할 수 있는 검사여야 했다.

심리검사에 대해 회의적인 시선도 있다는 걸 안다. 현실의 내 모습이 아니라 내가 보고 싶은 내 모습을 투영한다거나, 한 사람 안에는 다양한 모습이 존재하고 상황과 환경에 따라 다른 언행이 나올 수 있기 때문에 정확성에 의문을 제기하는 걸 테다.

하지만 심리검사는 검사 당시의 경향성을 짚어줄 뿐이다. '당신은 이렇다!'라고 재단하는 게 아니라 '당신은 현재 이런 경향을 보이고 있다'고 제시해주는 것이다. 검사를 각자의 인생에 유용하게 사용할지 그 틀 안에 스스로를 가둘지는 오롯이 당신의 몫이다.

사람은 변할 수 있는 존재일까?

MBTI의 창시자들이 심리학을 전공하지 않은 까닭에 학계에서는 MBTI를 과학적인 검사로 인정하지 않는다. 그렇다면 나는 현장에서 인정받으면서 대중화된 검사를 찾아야 하는 상황.

TCI는 정신건강의학과든 심리상담 센터든 제대로 된 상담을 시작하기 전 꼭 한 번쯤은 거치는 검사다. 세계적으로 가장 널리 쓰이는 MMPI가 상대적으로 정신병리적 상태를 진단하는 검사라면, TCI는 개인의 기질과 성격을 평가하는 검사라고 볼 수 있다. 선천성을 지닌 '기질'과 후천성을 갖는 '성격'을 구분해 측정한다는 게 TCI의 가장 큰 특징이다. 결과는 크게 '기질 척도(자극 추구, 위험 회피, 사회적 민감성, 인내력)', '성격 척도(자율성, 연대감, 자기 초월)'로 나뉘며 질문은 총 140문항(성인용 기준)으로 이뤄져 있다.

나는 지금까지 2019년 4월, 2021년 5월, 2022년 1월 총 세 번에 걸쳐 TCI검사를 했다. 놀랍게도 타고난 '기질' 척도의 경우 매번 비슷한 수치를 보였다. 그중 '위험 회피'의 백분위 점수는 늘 매우 높았고, '사회적 민감성' 점수도 만만치 않게 높았다. '자극 추구'는 평균으로 나왔지만 상대적으로 높은 편에 속했다.

몇 년이 지나도 나는 늘 조심성이 많고 세심한 사람이었고('위험 회피'), 감수성이 풍부하고 공감을 많이 하며 타인의 말에 휘둘리기도 하는('사회적 민감성') 사람이었다. 그러면서도 동시에 새로운 사람을 만나고 낯선 환경에 가는 걸 좋아하는 편('자극 추구')이다.

그제야 내면의 갈등이 유독 많은 이유에 대한 단서가 하나씩 보이는 듯했다. 나는 '위험 회피' 척도 가운데 하위 척도인 '예기불안', '불확실성에 대한 두려움', '낯선 사람에 대한 수줍음', '쉽게 지침' 모두 다 매우 높게 나왔다. 여기에 '사회적 민감성'의 하위 척도인 '정서적 감수성'도 늘 높은 수치를 보였다. 말 그대로 엄마 뱃속에서부터 두려움과 수줍음이 많고, 높은 감수성 때문에 쉽게 지치는 유형으로 태어난 것이다! 타고나기를 '걱정 인형', '소심이', '예민보스'였던 것이다!

TCI검사를 진행해준 한 상담심리사는 내게 "'자극 추구'와 '위험 회피'가 동시에 높으면 마음의 갈등이 많고 내면이 힘들 것"이라고 말했다. 실제로 나는 서핑, 등산 등 액티비티를 좋아하지만 동시에 겁이 많은 편이며, 또 새로운 사람을 만나고 낯선 환경에 가는 것을 좋아하면서도 동시에 쉽게 피곤해하고 수줍음이 많다. 이런 상황에서 다른 사람들의 반응까지 챙기니('사회적 민감성') 내면의 갈등이 없을 수가 있겠는가.

그 상담심리사의 조언은 이랬다. "이런 분들은 '내가 참 힘들었겠다, 그럼에도 잘 살아왔다'라고 자신을 위로해줘야 해요." 참 역설적인 내 모습이지만 그럼에도 이런 특성을 끌어안고 여기까지 온 스스로가 대견하기도 했다.

한편 근면, 끈기 등 '인내력' 점수는 언제나 낮은 편인데, 이는 "선천적으로는 끈기가 부족하지만 매일 해야 하는 일들을 꾸준히 하는 걸 봤을 때 후천적으로 성실하게 변한 것"이라고 했다.

반면 후천성과 관련된 '성격' 척도는 3, 4년간의 내면의 변화를 읽을 수 있을 정도로 변화가 뚜렷했다. 처음 TCI검사를 한 2019년 4월은 내가 처음으로 정신건강의학과를 방문했던 시기다. 만 25세였던 나의 '자율성'과 '연대감' 점수는 거의 바닥이었다. '자율성'의 경우 만 27세와 28세에 연이어 큰 상승폭을 나타냈다. '연대감' 점수도 2년 새 크게 올랐다.

자율성이 낮을수록 자신감이 떨어진 상태로, 목표를 설정하고 추구하는 데 어려움을 겪는 상황을 의미한다. 연대감이 낮을수록 타인에게 관대하지 못하고 비협조적이다.

만 25세와 27, 28세 사이에 어떤 일이 일어났던 걸까. 어떤 삶을 살아낸 걸까. 만 25세의 나는 스스로에 대한 혐오도, 세상에 대한 분노와 피해의식도 심한 상태였다. 하지만 꾸준한 정신과 진료와 심리상담, 커리어 재개를 통해 자율성의 하위 항목 중 특히나 낮았던 '자기수용'과 '자기일치'가 높아졌다.

직장 생활을 하면서도 매일 일기 쓰기와 아침 요가를 습관화했다. 꾸준히 나를 들여다보는 글쓰기를 하면서 스스로를 파악하려 노력했다. 그 꾸준함 속에서 작은 성취감이 쌓인 것이다. 이런 자기관찰 행위를 통해 '내가 좇고자 하는 가치와 목표'를 뚜렷하게 한 것도 한몫했다. 나를 알아가고자 한 작은 행위들이 내 삶의 주도권을 나 자신에게 되돌려준 셈이다.

자율성의 또 다른 하위 항목인 '목적의식'도 꾸준히 늘었다. 마음돌봄 뉴스레터를 만들면서 '내가 왜 이 일을 해야 하는가'에 대한 비전이 뚜렷해진 까닭이다.

"바꿀 수 없는 것은 받아들이는 평온함과, 바꿀 수 있는 것을 바꾸는 용기, 그리고 이 둘을 분별하는 지혜를 위하여"라는 명언을 아는가. 미국의 개신교 신학자이자 정치사상가인 라인홀드 니부어가 한 말이다. 놀랍게도 요가 책 《인요가 가이드》에도 똑같은 내용의 만트라(가르침이나 지혜를 나타내는 주문)가 나온다.

상담을 하다 보면 "내가 컨트롤할 수 있는 것과 아닌 것을 구분해서 컨트롤할 수 있는 것만 신경 써야 마음이 덜 힘들어진다"는 조언을 자주 듣는다. 성격도 마찬가지 않을까.

그래서 나는 내가 바꿀 수 없는 부분도 컨트롤하기 위해 끊임없이 스스로를 파악하고 규정하려 노력해왔다. 하지만 알려고 할수록 내 마음은 점점 더 모호하게 느껴졌다. '변덕인가 조울인가 수십 가지 페르소나가 내 안에 들어 있는 건가.'

지금은 어렴풋하게나마 힌트를 얻었다. 그리고 그동안 스스로 '바꿀 수 없는 것'을 바꿔보려 했고, '바꿀 수 있는 것'이 뭔지조차 몰랐음을 깨달았다.

어쩌면 그동안 해왔던 노력이 지금부터 시작인지도 모른다. 더 나아가야 할 길이 있을지도 모른다. 첫 단추를 이제야 꿰나 싶어 막막하지만, 검사 결과지를 보고 내쉬었던 한숨이 이전과는 다르게 느껴졌다. 더 이상 자책하지 않아도 된다는 안도의 한숨 그리고 발전하고자 열심히 달려온 나에 대한 위로의 한숨이었다.

덧.

이 글을 다듬는 2025년 여름에는 TCI검사 구매 자격을 얻은 상태다. '성격의 성숙은 기질의 수용에서 출발하지만, 성숙한 성격은 기질을 조절할 수 있다'는 사실을 배웠다. 어쩌면 이제 나의 기질로부터도 자유로워지고 내가 추구하는 가치에 맞게 살아가는, 좀 더 높은 차원의 성숙을 향할 때가 아닐까 하는 생각이 든다.

내 기질을 알아차리고 수용한 지도 3, 4년이 지났다. 타고나기를 '정서적 감수성(사회적 민감성)'이 높아 마음이 여리고 정에 약하지만 적당히 현실적으로 삶의 방향성을 잡고 적당히 독립적으로 살고 있다. '인내력'은 낮지만 한 회사에서 만 6년을 버텼고 마음을 돌보고자 부지런히 노력했다. '위험 회피'가 높아 쉽게 지치지만 스스로에게 필요한 만큼의 쉼을 주면서 적당히 에너지 넘치게 살아간다.

기질에 집착해 경직된 채 기질대로만 살아가는 건 오히려 '미성숙한 성격'이라고 한다. 기질을 알아차리되 기질로부터 적절히 자유로워지는 지금, 나는 또 다른 단계로 나아가고 있는지도 모르겠다.

나는 어떻게 교류하고 있을까?

마음돌봄 뉴스레터를 시작한 후 마음돌봄계의 '대신맨'으로서 관련 취재, 체험, 르포, 인터뷰를 한 지 7개월째 되던 2022년 가을, '덕업일치'와 '사심 채우기' 사이에서 줄타기를 하며 취재 아이템을 찾던 중 눈길을 사로잡는 힐링 워크숍 프로그램 소개 글을 발견했다.

"내 마음을 알아가기 위해 심리 관련 앱을 깔아본 적 있나요?"
"관련된 책을 읽거나 일기를 작성해본 적 있나요?"

관련 앱을 깔다 못해 정기 구독을 해봤고, 관련 책을 읽다 못해 북토크를 다녀봤고, 일기를 쓰다 못해 챌린지까지 해본 사람이 여기 있다. 하지만 프로그램을 신청하기가 조금 주저됐다. 각종 심리검사를 통해 나 자신을 너무나 잘 알고 있다고 생각해서였다. 그래도 무료 검사이니 마다할 이유가 없었다. 짧은 망설임 끝에 프로그램을 신청했고, 워크숍이 열리는 강원 원주행 시외버스 티켓을 곧바로 구매했다.

이날 받은 것은 미국의 정신의학자 에릭 번이 개발한 TA 검사. TA는 스트레스 상황에서 사람들이 반복적으로 경험하는 생각, 감정, 행동을 다루는 심리기법으로, 자신과 타인, 세상과 교류하는 방식을 분석하는 집단치료의 한 방법이다. 타인과의 관계에서 나오는 자신의 행동 심리와 의사소통 스타일과 패턴을 이해하는 게 이 검사의 특징이다.

검사는 크게 '자아상태Ego State'와 '인생태도Life Position'를 파악하는 것으로 나뉜다. '자아상태'는 지금 여기서 표현되는 태도의 방식을, '인생태도'는 어릴 때부터 굳어진, 세상을 바라보는 태도를 보여준다.

에릭 번은 '자아상태'가 크게 세 가지 구조로 이뤄져 있고, 여기에서 행동 유형이 또 다섯 가지로 나뉜다고 바라봤다.

'자아상태'는 부모Parent를 뜻하는 P, 어른Adult을 뜻하는

A, 어린이Child를 뜻하는 C로 나뉜다. P는 우리가 어린 시절 인생에서 중요한 영향을 미쳤던 사람으로부터 받은 메시지가 우리 안에 도입된 것들을 보여준다.

보수적, 보호적, 비판적인 P에는 두 가지 요소가 있다. '통제적 부모Critical Parent, CP'는 규율, 도덕, 지시, 비판이라는 특징을 보인다. 엄하고 명령조인 면이 많지만 사회질서 유지 능력이나 이상 추구 등 긍정적인 면도 있다. CP가 잘못되면 교만, 잘난 체의 모습이 나타난다. '양육적 부모Nurturing Parent, NP'는 양육, 보호, 타협, 칭찬 등 관계 중심적이다. 타인에게 귀를 기울이고 부드럽고 수용적이지만, 지나치면 상대의 독립심이나 자립을 억제할 위험이 있다. (이해하기 쉽게, 전형적인 가부장제 사회에서의 아버지와 어머니 모습을 생각해보라!)

A는 논리적, 타산적, 이성적, 합리적이다. A가 주도적일 경우 통합적으로 적응성, 창조성, 자율성이 풍부하다고 한다. A가 주도권을 장악하고 있을 때는 P의 편견과 C의 감정이 통제된다. 하지만 A가 과도하면 정서가 결여된 무미건조한 로봇형 인간이 될 수도 있다.

직관적, 본능적, 순응적인 모습인 C도 두 가지로 나뉜다. '자유로운 어린이Free Child, FC'는 자유, 유연성, 무계획, 창의, 호기심, 충동의 키워드를 갖고 있다. 천진난만하고 명랑하지만,

너무 강해질 경우 자기중심적이고 충동적이고 제멋대로일 가능성이 있다. '순응하는 어린이Adapted Child, AC'는 겸손, 소극, 순응, 눈치, 미숙이 특징이다. '착한 아이 콤플렉스'를 떠올리면 이해하기 쉽다. 장점은 타협적이고 신중하고 잘 참고 견딘다는 것이지만, 과하면 자기 비하, 의존적인 태도를 보인다. 양면을 잘 통제하면 주위를 살피면서 자기주장을 잘하게 되는, 바람직한 모습을 보인다.

강사는 다섯 가지 점수를 그래프로 그려보라고 안내했다. 나는 M형(NP와 FC는 높고 다른 건 그보다는 낮은 모양) 그래프가 나왔다.

한국교류분석학회 공식 홈페이지에는 M형이 이렇게 설명돼 있다. "밝고 명랑한 젊은 여성에게서 잘 나타난다. 타인에 대한 배려가 있고 호기심이 왕성해 즐거운 것을 아주 좋아하는 사람이라고 할 수 있으며, 분위기를 주도하는 밝고 유쾌한 사람."

노력해야 할 점으로는 이런 게 꼽힌다.

"현실에 근거해 상황에 대한 정확한 판단을 하는 게 중요하다. 감정적으로 행동하지 않도록 하고, 감정이 높아져 있을 때는 '조금만 생각할 여유를 주십시오' 하고 사이를 두는 것이 필요하다."

나란 사람을 이보다도 더 적확하게 표현할 수 있을까. 반박의 여지가 없다. 만약 에릭 번에게 복채라는 걸 줄 수만 있다면 해외 이체 수수료 따위 신경 쓰지 않고 바로 입금을 했을지도 모르겠다. (감정적으로 행동하지 말라는데도!)

자신과 타인에 대한 근본적인 자세를 의미하는 '인생태도'는 크게 '타인부정', '타인긍정', '자기긍정', '자기부정'으로 나뉜다.

'자기부정'과 '타인긍정'이 높은 사람은 자신에 대해서는 부정적이면서 타인에 대해서는 긍정적이기에 자책과 회의의 모습을 보인다. '자기부정'과 '타인부정'이 높은 사람은 나에 대한 자존감이 낮으면서 타인에 대해서도 부정적이다. 따라서 불신과 포기의 태도를 보인다.

'자기긍정' 및 '타인부정' 유형은 독선적이며 배타적이다. '자기긍정'과 '타인긍정'이 높으면 협력과 공존의 태도를 보인다. 나도 TA 검사를 진행했을 때 이 유형으로 나왔다.

자존감이 매우 낮았던 나는 '자기긍정'이 높은 건 겸손하지 못한 삶의 태도라 생각했다. 하지만 최근 《나는 왜 나를 함부로 대할까》에서 "겸손은 자신을 낮추는 것에 핵심이 있는 게 아니라 상대가 성장할 수 있도록 기꺼이 발판이 되어주는 것"(26쪽)이라는 설명을 읽고 태도를 바꿔야겠다는 생각을 했다.

    강사는 이렇게 말했다. "언제든 삶의 시련이 올 수 있기 때문에 평생 '자기긍정'과 '타인긍정'이 높은 상태로 지내기는 힘들어요. 그저 회복탄력성의 문제일 뿐이죠."

    마지막으로 강사는 각각의 수치를 그래프로 그려본 뒤 '자아상태'와 '인생태도'의 그래프 모양이 서로 얼마나 비슷한지 살펴보라고 안내했다. '자아상태'는 지금 여기서 표현되는 방식을 보여주고, '인생태도'는 어릴 때부터 굳어진 세상을 바라보는 태도를 가리키기 때문이다. 두 그래프가 비슷할수록 스트레스 수준이 낮아진다는 얘기다. 내 그래프는 둘 다 M형을 나타냈다.

    마음돌봄계의 대신맨 7개월 차, 평생 나를 옭아매고 있던 스트레스가 어느덧 많이 낮아진 걸까. 서울로 돌아가는 버스 안. 자존감이 낮다며 자책해왔던 과거 모습이 파노라마처럼 흘러갔다. 그러면서 어느새 나도 모르게 낮아진 '자기부정' 수치를 보니 입가에 미소가 지어졌다. 이날 참여했던 워크숍 제목인 '나를 이해하고 치유하는 마음여행'은 어쩌면 평생 함께 해야 하는 여정이라고 느껴졌다.

내 성격의 강점과 약점은 무엇일까?

국내엔 심리 전문 서점들이 은둔 고수처럼 아주 조용히 존재하고 있다. 요란한 홍보도 없고 화려한 시설도 아니지만 늘 마음 한구석에 도장 깨기 리스트로 남아 있다. (2025년 현재 서울시 개봉동에 위치한 '개봉책방', 혜화동에 위치한 '마음책방 서가는', 제주시에 위치한 '책방오늘' 등이 운영 중이다.) 전북 군산시에 위치한 서점 '쓰담'도 그랬다.

2022년 10월, 여느 때처럼 무의식적으로 인스타그램을 켜서 엄지손가락으로 탭을 하던 중 '이벤트'라는 문구만 보고 재빠르게 신청서에 개인정보를 넣기 시작했다. 성격검사 또는 MBTI검사 중 하나를 무료로 진행하고 해석까지 받을 수 있는 이벤트였다. 그 당시 나는 MBTI에는 도가 튼 상태였기에 성격검사를 신청했다.

검사를 진행할 책방지기의 이력도 미리 살펴봤다. 심리상담학, 신학, 교육학 총 세 개의 석사 졸업장 '도장 깨기' 이력을 보니 신뢰도가 급상승했다.

이날 시행한 검사는 'K-OCEAN 5요인 성격검사'로, 성격 5요인 이론에 근거한 다섯 개의 검사 요인과 각각의 하위 요인을 측정해 개인의 성격, 심리 상태, 정서 등을 이해하고, 이를 토대로 진로 및 학업 영역에서 성공적으로 발달해나갈 수 있도록 돕는 걸 목표로 한다. 성격 5요인 모형Big 5 model이라 불리는 이 이론은 인간의 성격을 다섯 개의 상호 독립적 요인으로 설명하는 성격심리학적 틀로 유명하다.

여기에 'K'는 한국인의 특성을 고려해 요인 이름과 하위 요인의 수와 문항을 새로 개발했기에 붙였다. (K-장녀, K-팝, K-드라마, K-뷰티, K-푸드 외에도 K-성격검사가 생기다니, 마음돌봄 덕후로서 '국뽕'이 차오르는 순간이다.) 개발자는 김동일 서울대 교육학과 교수. K-OCEAN 검사의 5요인은 창의성, 충실성, 외향성, 적응성, 안정 욕구다.

나의 경우 '창의성'은 높게, '충실성'은 매우 낮게, '외향성'은 보통, '적응성'은 낮게, '안정 욕구'는 보통으로 나왔다. 여기서 백분위는 전체 집단을 100으로 봤을 때, 한 개인의 점수가 아래에서부터 몇 번째에 해당하는가를 나타낸다.

결과지를 받고 화상채팅으로 '쓰담' 책방지기와 만났다.

해석지에는 매우 꼼꼼하게 분석 내용이 쓰여 있는데, 상위 요인은 물론 하위 요인별로도 상세히 기술돼 있다. 그리고 진로와 관련된 추천으로 내용이 끝난다는 게 가장 큰 특징이었다. 예를 들어 '창의성'과 관련해서는 이렇게 쓰여 있었다.

손성원 님의 창의성은 보통 수준입니다. 가끔씩 창의성이나 호기심을 발휘하기도 하고, 다른 사람이 낸 좋은 아이디어를 적용해서 더욱 발전시키기도 합니다. 따라서 창의성이 높은 일과 낮은 일이 적절히 섞인 일에 적응을 잘합니다. 예를 들어 아침 회의에서는 큰 그림에 대한 대화(창조적 과업)를 하고 오후에는 교정과 서류 작업(반복적 과업) 등을 하는 것을 추천합니다.

때로는 설계나 기획을 하는 창조적인 과업을, 때로는 반복적인 일을 할 수 있는 일을 추천합니다. 예를 들어 여행 안내원, 호텔 관리자, 교육행정 사무원, 방송기자, 금융 리스크 매니저, 금융 관리자 등 고객서비스 이슈를 다루는 일에 흥미와 적성을 보일 수 있습니다.

방송기자가 예시에 들어 있는 걸 보고 식겁했을 때쯤(나는 사주를 믿지 않지만 내 사주를 종종 봐온 직계존속 한 분이 어렸을 때부터 내 사주에는 창의력과 예술성이 빠지지 않았다며 PD나 연예인 등 TV 나오는 일을 시키라는 얘기를 자주 들었다고 한다. "지금 둘 다 안 하는데요"라는 내 반박에 "그래도 방송기자를 했으니 사주대로 산 셈이다"라는 재반박이 돌아왔다. 고작 6개월 일했는데!) 타 척도에 비해 유독 낮은 '충실성'이 눈에 들어왔다.

책방지기는 "충실성이 낮을수록 MBTI상 P, 높을수록 J

로 해석할 수 있어요"라고 말했다. '충실성' 중 '꼼꼼함'과 '조직화'가 특히 낮았다. 과제를 완벽하게 하기 위해 기울이는 노력과 시간이 적고, 정리정돈에 주의를 기울이지 않으며 무질서하거나 정돈되지 않은 상황에서 큰 불편함을 느끼지 않는다는 뜻이다. 고백하건대 나는 일주일 넘게 방 정리를 안 하고도 매우 잘 살 수 있는 사람이다.

나처럼 충실성이 낮은 사람은 자영업이나 근무 환경이 자유로운 소규모 조직에서 일하는 데 흥미와 적성을 보일 수 있다고. 체계적이고 형식적인 조직에서 일하기보다는 다양한 일에 자율적으로 참여할 때 더 좋은 결과를 보일 수 있다는 뜻이었다.

'외향성'의 경우, 타인에게 관심을 갖고 쉽게 친해지는 편이라는 '사회적 친밀성'은 높게, 타인의 언행에 믿음이 있고 자신의 생각이나 감정을 스스럼없이 드러내는 편이라는 '타인 신뢰'는 매우 높게 나왔다. (나는 가족은 물론 교회 및 회사 사람들에게까지 내 소개팅 썰을 풀곤 한다. 40, 50대 교회 집사님들 모임에도 거리낌 없이 참여한다.) 반면 '자기주장'은 매우 낮게 나왔다. 리더 역할보다는 타인의 제안을 따르는 걸 선호하는 편이라는 뜻이었다. 실제로 모임도 '내돈내산'으로 가는 게 편하지 직접 꾸리는 건 피곤해한다.

'적응성'과 관련된 설명을 보고선 동공 지진이 찾아왔다. '의견을 내세우는 데 거리낌이 없다', '자존심을 내세우며 자신이 앞장설 기회를 즐긴다', '타인과의 관계에 있어서 자신을 더 높은 위치로 세운다', '경쟁적인 상황에서 좋은 결과를 얻는다'는 설명은 나와는 정반대 아닌가.

아니나 다를까, 책방지기가 말했다. "성과보다 타인과의 협동이 더 중요하다는 '협동성'은 높게 나왔어요. 그런데 집단의 방향보다 자신이 추구하는 바를 더 중요시한다는 '조직 지향성'은 낮네요. 이걸 봤을 때 손성원 님은 '자기가 뛰어난 점을 드러내는 데 거리낌이 없는 사람'은 아니고, 그냥 '자신만의 신념과 가치관에 대해 주눅 들거나 망설이지 않는 사람'일 것 같아요."

또 "'자신의 욕구를 표현하는 데 거리낌이 없고 앞장서는 걸 즐기거나 자신을 더 높은 위치로 세우는 사람'이 아니라 '마음에 맞는 사람과 함께할 때 의견을 내세우는 데 거리낌이 없거나 스스로 자기 길을 찾아가는 사람'일 것 같아요"라고 했다.

'안정 욕구'는 불안, 우울, 공격성, 신체 기능 이상, 사회적 고립, 피해의식, 집중력 부족 등 일상생활에서 정서적으로 안정돼 무리 없이 지낼 수 있는지 보여주는 지표다. 긍정적인 정서도, 부정적인 정서도 보통 수준으로, 상황에 따라 정서를 조절하고 적응해낼 수 있다고 했다.

책방지기는 검사 결과를 보고 이런 해석을 내놨다. "전반적으로 봤을 때 성실하고 열심히 살았을 것 같은데 스스로에게 너무 엄격해 보여요. 이상이 높아서 현실에서의 실행력에 스스로 괴리감을 느꼈을 것 같아요."

예를 들면 다른 요인들에 비해 스스로 '예의', '조직 지향성'(나의 경우 매우 낮게 나왔는데, 집단의 방향보다 내가 추구하는 바를 더 중요시한다고 여기는 걸로 나왔다. 정작 전체 성과보다는 협동해서 일을 해내는 '협동성' 점수는 높게 나왔는데 말이다), '꼼꼼함', '조직화' 점수를 너무 낮게 줬기 때문이었다.

책방지기는 줌이 시작될 때도 내가 "제 방 지금 '꼴'이 안 좋아서요"라고 말했다고 알려줬다. 스스로를 낮추는 말에는 유독 강한 어조와 단어를 선택한다는 방증이라고.

해석을 듣는 도중에 "제가 너무 여리고 기도 약하고 곰 같아서 고민이에요"라고 말했다. "네? 아니세요…" 책방지기가 어이없다는 표정으로 이렇게 답했다. 황당해하는 그의 표정은 '얘가 뭐라는 거야. 웃기고 자빠졌네'보다는 진짜 말 그대로 동의하기 어렵다는 느낌이었다.

"저는 처음에 줌이 켜지고 대화를 시작하자마자 '아, 나

바짝 긴장해야겠다'라고 생각했어요. 카리스마도 있어요."

책방지기는 "남한테는 관대한데 스스로 못났다고 확신하고 있어요"라며 "'기가 세져야지, 여우가 돼야지'라는 생각을 하지 말고 '난 기가 센 사람이야, 여우야'라고 생각하세요"라고 했다. 무슨 말도 안 되는 소리인가 싶었는데 3년 가까이 지난 지금, 나를 만난 수많은 심리 전문가들이 같은 말을 하고 있다. 스스로를 약하고 여리기만 한 사람으로, 멘탈 센 기자와는 거리가 먼 사람으로 보고 있지만, 아니라고 말이다. 심지어 복장 터지는 얼굴로 이렇게 말한다. 책방지기에겐 미안하지만 그의 말을 이제서야 조금씩 받아들이고 있다.

"스스로 객관화가 안 되니 다른 사람들에게 성원 님의 장점을 물어보세요. 그리고 무조건 받아들이세요. 또 내 마음을 움직이는 말을 선별해보세요. 무엇보다 스스로에게 고생 많았다고 해주세요." 책방지기는 해석이 끝난 뒤 안쓰럽다는 듯 나를 바라보며 이렇게 조언해줬다.

이렇듯 내가 어떤 사람인지 알아갈 수 있을 뿐 아니라 세부 결과를 통해 '내가 나를 어떻게 보는지'까지도 엿볼 수 있는 게 심리검사다. 나란 사람 자체도 중요하지만 내가 나를 바라보는 시선도 결국 현재의 나를 보여주는 좋은 지표 아닌가. 심리검사를 통해 스스로를 실행력도 낮고 관계 속에서 잘 녹

아들지 않는 사람으로 바라보고 있었음을 깨달았다.

생각해보면 실행력이 낮은 사람이 이 수많은 심리검사를 할 리가 없고, 관계에서 자기주장만 하는 사람이었으면 사회적으로 괜찮은 평판을 얻지 못했을 텐데. TCI 때도, TA 때도 그랬듯이 다시 한번 스스로에게 격려와 안쓰러움의 인사를 해주는 것으로 검사를 마무리했다.

내가 되고 싶은 나와 현실의 나

심리검사를 좋아하지 않는 이들은 검사를 할 때 결국 각자가 생각하는 자신의 모습을 투영하기 때문에 오류가 발생하지 않느냐고 말한다. 일리 있는 지적이다. 가장 흔한 MBTI도 결국 피검자가 자신에 대한 관찰을 스스로 보고하는 검사 양식이다. 그리고 나는 이미 INFP로서의 자아에 너무 취해 있어서 어떤 검사를 하더라도 나도 모르게 'F 빼면 시체인, 여리디여린 감수성'의 소유자를 떠올리며 검사에 임해왔다. 다른 선택지를 택하기에는 너무 멀리 와버렸달까.

2021년 봄 처음으로 '손성원은 INFP'라는 사실을 알게 된 후 3년을 꽉꽉 채워 'INFP로서의 삶'에 집중하며 살던 어느 날, 심리검사는 물론 각종 유무형 상품을 파는 곳들이 오만 심리테스트를 만들어내던 현실에 심드렁해지던 어느 날, WPI Whang's Personality Inventory 심리검사를 하게 됐다. '신체 기반 트라우마 치유' 취재차 알게 된 소매틱 somatic 심리(마음을 다스릴 때 몸을 매개로 하는 것) 전문가가 내가 체험기를 쓰고 싶다고 하니 면담지와 WPI검사지를 취재 전 보내달라고 했다.

WPI는 황상민 전 연세대 심리학과 교수가 서양의 심리검사와 차별화된 한국인의 심리를 종합적으로 측정하기 위해 개발한 검사로, 성격검사, 리더십검사, 연애검사, 결혼검사, 경력개발검사 등이 있다. 내가 진행했던 건 성격검사였는데, 특이한 점은 이 안에서도 '현실' 검사와 '이상' 검사가 구분돼 있었다는 것이었다.

'현실'은 자신이 지닌 성격 특성이 삶에서 어떤 모습으로 드러나는지를, '이상'은 '현실'과 같은 문항이지만 자신이 이상적으로 바라는 모습을 생각하면서 답변한다. 쉽게 말해 '현실'은 현재 내가 어떤 성격의 사람인지를, '이상'은 내가 어떤 사람이 되고 싶어 하는지를 알려준다.

현실이든 이상이든 각각의 성격검사는 '다섯 가지 자기평가'와 '다섯 가지 타인평가'로 나뉜다. '자기평가'는 개인이 자기 자신을 어떤 특성으로 인식하는지 파악하는 것으로, '나는 이런 사람이다'라고 믿고 있는 '자기 정체성' 및 '자아상'을 평가한다. '타인평가'는 '남이 나를 어떻게 본다고 생각하느냐'라는 질문에 대한 답변으로, 타인의 시선에서 스스로 중요하다고 인식하는 자기 모습을 판단한다. 검사에서는 실제로 내가 타인에게 자주 듣는 말을 고르게끔 한다. (자세한 내용은 WPI심리상담코칭센터 홈페이지 참조.)

나는 '현실' 검사 결과 '로맨티스트'와 '릴레이션'이 가장 높게 나왔다. 검사 직후 심리적 특성에 대한 결과지가 나왔는데, 웬걸. 첫 문장부터 형광펜으로 밑줄을 긋기 시작했다.

- 민감하고 풍부한 감수성의 사춘기 소녀 같은 마음
- 순수하고 여린 매력
- 겉으로는 외향적이고 사교적인 이미지로 보일 수 있음
- 관계에 지나치게 매달릴 경우 타인의 사소한 반응에도 상처를 받거나 지나치게 복잡한 인간관계에 감정적 에너지를 소모해야 할 수도 있음
- 부정적 감정 상태에 있을 경우 자신의 삶과 삶의 무게를 실제보다 훨씬 고통스럽게 받아들임
- 스스로 문제라고 여겼던 삶의 문제가 해결된다 하더라도 이내 또 다른 걱정거리를 찾아내려 함

- 시간제한이 있는 업무를 하거나 급박하게 진행되는 업무 상황에서 힘들어함
- 새로운 일을 하거나 환경에 있을 때 긴장을 많이 하지만, 익숙해지면 누구보다도 숙련도 높게 해냄
- 타인과 함께 삶의 이야기를 나누고 인정받으려 함
- '나만 그런 것이 아니구나'와 같은 타인의 반응을 통해 위로와 안정감을 얻음
- 너무나 쉽게 자신의 삶의 가치와 에너지를 타인에게 맡겨버릴 수 있음
- 현재 당신의 삶이 위기라고 생각된다면, 지금 지나치게 많은 시간과 에너지를 타인에게 쏟고 있는지 체크해볼 필요가 있음

결국 A4 용지 두 장에 걸친 검사 결과지는 형광색 밑줄 범벅이 됐다.

한편 '이상' 검사에서는 '로맨티스트'에서 0점이 나왔다. 나는 감성적이고 예민하고 섬세한 특성을 실제론 조금도 갖고 싶지 않은 것이다!

'현실' 검사만 봤을 때도 '내가 보는 나(자기평가)'와 '타인이 보는 나(타인평가)'의 모습 간 간극이 있었다. 나는 '주변 상황과 인간관계를 중요시(리얼리스트)'하고 '분석적이고 정확한

(에이전트)' 성향을 "아예 안 갖고 있다"고 봤지만, 타인들이 보는 나는 꽤나 그렇지 않았다.

전문가를 취재하러 간 날, 전문가는 내게 "지금 본인 많이 힘들 거예요"라고 말했다. 예민함과 관련해서 얘기하던 도중 나는 "검사 결과에 0점도 나오고, '스스로에 대한 자기평가가 없고, 남이 평가해주는 말을 자주 한다'는 이야기를 요새 자주 들어요"라고 했다.

"지금 본인의 민감성과 특성 같은 게 일에서 구현이 안 되고, 장점이 안 드러나고 있어요. 그래서 스스로 만족감이 없어요. 남이 잘했다고 하면 '아, 이 정도는 하나 보다' 정도지, 내 것으로 하고 있진 않아요. 그렇게 되면 긴장 상태가 계속될 수밖에 없어요."

"저는 MBTI를 좋아하진 않지만, (모든 심리 전문가가 다들 이렇게 말한다!) 손성원 님은 MBTI로 치면 F와 T가 둘 다 있는 사람이에요. 하지만 발현이 안 되고 있어요. 예를 들면 집에서 F를 쓰고 일할 때 T를 써야 하는데, 반대로 하고 있는 거죠."

실제로 나는 스스로를 건강하고 고유하게 발현하는 방식이 'INFP스러운 사람(감성과 섬세함이 매우 강한 사람)'으로 행동하는 것이라고 생각하고 있었다. 그리고 언론사 사람들을 '매우 T스럽다'고 바라보고 있었다. 그 괴리감 때문에 왠지 모를 불안과 압박을 느꼈던 것이다. 그 결과는 소진과 긴장의 반복이었다. 그리고 집으로 돌아와서는 정작 자기 자비가 아닌 논리의 관점으로만 스스로를 대했다.

전문가의 얘기를 듣자마자 수많은 생각이 지나갔다. '그러면 퇴사해야 하는 건가', '회사에서 T스러움을 훈련해야 하는 건가' 등등. '내가 되고 싶은 나'와 '현실의 나'도 다르고, '내가 생각하는 나의 모습'과 '타인이 생각하는 나의 모습'도 다른데 어떻게 해야 하나.

"지금 본인은 본인의 좋은 점을 부정하려고 하는 거 같아요. 왜냐면 특이하니까."

생각해보면 TCI검사에서도 나는 '자극 추구'와 동시에 '사회적 민감성'도 높은 편으로 나왔다. 나는 나를 충분히 알아가고 있다고 생각했지만, 아니었다. 왠지 모를 모순 때문에 여전히 혼란스러워하고 있었다. 그리고 '어떤 모습으로 살아가야 하는지'에 대한 명확한 기준이 없어서 괴로웠던 거였다.

전문가는 내게 '자신의 욕구와 욕망'을 잘 들여다보라고 조언해줬다. 진정 내가 원하는 게 뭔지, 이거 아니면 절대 안 된다는 게 뭔지.

여전히 나는 딱 떨어지는, 너무나 확고해서 남들이 절대 흔들지 못할 욕구를 찾진 못했다. 어떤 결단을 내리지도 못했다. 3개월 동안 여전히 자기 확신과 동시에 혼란을, 자기 위로와 동시에 좌절감을, 자신감과 동시에 걱정을 느낀다.

하지만 이런 마음만은 다잡았다. '어떤 상황에서든 내 고유함을 더 이상 뿌리치고 깎아내리진 않겠다'는 마음. '모순과 혼란 속에서도 그냥 앞으로 나아가겠다'는 마음.

전문가 취재를 마치고 자리에서 일어나며 "요즘 세대가 자기 자신을 알아가고 싶어 하고 참 섬세한 거 같아요"라며 감사 인사를 전했다. 그러자 그가 웃으며 이렇게 답했다. "세대 문제가 아니에요. 본인이 독특한 거예요. 물타기하지 마세요."

손성원이란 사람에 대한 '캐해'에서 시작됐지만 꾸준히 심리 및 성격 검사를 하다 보니 연구보고서 내지는 연구논문 한 편을 써낸 느낌이다. 하지만 논문에는 결론이란 게 있는데, 안타깝게도 내가 내린 유일한 결론은 결국 '나란 사람은 대체 왜 이리도 복잡다단한가'다. 심플하게 태어났으면 걱정도 덜 하고 좋으련만.

지금도 나는 '만 31세 손성원'에 대한 명확한 결론을 내지 못하겠다. 그냥 '뭔 놈의 혼란이 이렇게 많은가'라는 질문 주위에서 맴돌 뿐이다.

그런데 논문에도 마지막에 '연구의 한계'와 '추가 연구 가능성'이나 '추가 연구 제안' 항목이 있지 않은가. (물론 이 글을 읽는 누군가는 "그만 좀 연구해라"고 할 수도 있겠다.) 혼란스러운 부분은 마지막에 내버려두고, 일단은 열심히 논문을 진행한 연구자와 연구 대상인 스스로에게 "고생했다"고 어깨를 두드려 주는 수밖에.

이걸
돈 주고 한다고?

바야흐로 '콘텐츠 홍수'의 시대다. 지금까지 콘텐츠라고 하면 대개 책이나 미디어의 내용물 또는 제작물 정도로만 생각했는데, 요즘에는 모든 창조물 또는 눈에 보이지 않는 창조 활동까지도 콘텐츠로 묶인다.

심지어 소개팅에서 개신교도 남성과 대화하던 중, 〈한국일보〉에 입사한 드라마틱한 과정을 신앙 간증처럼 늘어놨더니 "이거 콘텐츠네요!"라는 반응이 돌아온 적도 있다. 흔히 기자들은 기사로 쓸 만한 뭔가를 보면 '얘깃거리가 된다'는 표현을 자주 쓰는데, 그런 맥락이었던 듯하다. 내 경험이 콘텐츠가 될 수 있을까. 조물주의 제작물이라는 시각에서는 딱히 안 될 것 같지도 않다.

무형의 가치가 높은 경험들이 (누군가가 기획하고 만들었다는 점에서) 콘텐츠에 속한다면 나는 이런 콘텐츠에 아끼지 않고 시간과 돈을 투자했다. 명상 경험을 제공하는 체험형 오프라인 공간부터 서로의 마음을 나누는 온라인 프로그램까지 두루 섭렵했다.

혹자는 (주로 엄마는) 이런 데 돈을 왜 쓰냐고 한다. 말 그대로 눈에 보이는 생산성 있는 경험들은 아니잖나. 한번 참여한다고 엄청난 변화가 생기지도 않는다.

하지만 나를 알아가기 위해서라면, 나를 조금은 더 편히 데리고 살아가기 위해서라면 당장의 몇만 원과 몇 시간 정도야 투자할 만하지 않나. '이것까지 돈 내고 했다고?' 싶을 정도의 콘텐츠들도 있을 수 있으나 잠시 생각해보라. 당신은 그런 콘텐츠들에 돈을 쓴 후기를 담은 또 다른 활자 콘텐츠를 돈 주고 (혹은 빌려서) '간접 체험'하는 중 아닌가.

저 이 정도면 매력적인가요?

"성원이 진짜 매력 장난 아니다. 얘한테 빠지면 헤어 나올 수가 없어."

"근데 그 매력에 빠지기가 어렵지."

내 매력에 대한 찬사와 약간의 안타까움이 오가는 이 대화는 애석하게도 교회 자매님들과 나눈 것이다. 여느 때와 다름없이 저세상 드립을 쳤을 뿐인데, 어떤 언니가 빵 터지면서 내 매력을 칭송하기 시작했다. 그리고 다른 언니가 너무 사실이라 반박조차 안 나오는 포인트로 첨언을 했다.

한번 빠지면 절대 빠져나올 수 없지만 한번 빠지는 것 자체가 여간 어려운 일이 아닌, 나의 매력은 대체 무엇인가. 분명 주변에서는 나보고 매력이 넘친다고들 하는데, 왜 내 반쪽은 몇 년째 나타나지 않는가.

솔로가 된 지 만 2년 반 가까이 돼가고 있던 2023년 6월, 지인 데빈이 '매력 워크숍'을 연다고 연락이 왔다. 데빈은 내 카카오톡 친구 3000여 명 중 '모임 주최의 귀재'라고 뽑을 수 있을 정도로 양질의 커뮤니티 모임을 잘 기획하고, 양질의(?) 외모와 인사이트를 가진 지인들을 잘 데려온다. 심지어 사람과 사람 간 연결에 진심이다 못해 덕업일치(?)를 위해 다니던 회사를 때려치우고 서울 한복판에 커뮤니티 모임 공간을 열었다.

나 못지않게 명상에 진심인 그의 공간은 평소에는 고요하고 평온한 느낌이었지만, 이날만큼은 '매력'이라는 키워드에 맞는 핑크색과 파란색 조명의 결합에 힘입어 약간 야릇한 분위기를 띠고 있었다.

이날의 발제자 겸 진행자는 데빈과 공간을 함께 운영하는 휴이. 시원해 보이는 맥시드레스를 입은 그가 참가자들을 환한 미소로 환영했다. "우리가 진정으로 원하는 매력적인 모습으로 세 시간을 함께해봐요."

'매력과 질투'를 다루는 세션. 각자 매력을 느꼈던 누군가를 떠올리고, 그 사람에게 매력을 느낀 이유를 작성했다. 꼭 이성일 필요는 없고 남녀노소 누구나 가능하다. 또 질투를 느꼈던 누군가를 떠올려보고 질투를 느낀 이유도 적었다.

나는 가장 최근에 이성적 매력을 느낀 남성을 떠올렸다. '친절함, 몸매, 이성적理性的, 선한 눈, 영악하지 않음, 드립 욕심, 돈, 스펙, 빙구미.' 질투를 느끼는 상대는 아는 동성 지인으로, 끊임없이 안정적으로 이성異性을 만나는 사람이다. '외향적, 연애 안 쉼, 이기적, 여우, 잘 꼬심, 잘 잊음, 외모와 머리가 좋음, 에너지가 많음, 영악함.'

그러고 나서 데빈과 휴이는 내가 작성한 것들의 교집합을 찾아보라고 했다. '자기 바운더리 잘 세움, 똑똑함, 자기 속내를 잘 안 보여줌, MBTI상 ST임, (겉으론) 친절함.'

데빈과 휴이는 '교집합 점수=내 매력 점수?'라는 가설이 성립하는지 참가자들에게 생각해보라고 했다. 놀랍게도 '자기 바운더리를 잘 세운다'는 점과 '(영악함이든 지혜로움이든) 똑똑하다'는 점이 공통으로 나왔다. 스스로 생각했을 때 부족하다고 느끼는 부분이라서일까. 인정하고 싶지 않았지만 나는 이 교집합 요소들에 묘한 열등감을 느끼고 있었다.

MC들은 교집합 요소에 대해 자신의 점수를 매긴다면 몇 점을 주겠냐고 물었다. 나는 5점 만점에 1점을 주겠다고 했다. 건강한 경계선을 세우기는커녕 평생 남 눈치만 보다 심리상담을 시작했고, 스스로 똑똑하다고 여기기는커녕 답답해하며 온갖 처세술 관련 포스팅을 휴대폰 앨범에 차곡차곡 모으는 사람에게 1점이면 후한 점수 아닌가. (아니다. 나에게 자비란 걸 베풀기를.)

데빈은 자신의 질투 상대로 홍정욱 전 국회의원을 꼽았다고 했다. 자기가 생각했을 때 빠짐없이 다 갖춘 사람 같아서라고. 우습게도 나는 데빈을 처음 봤을 때 '리틀 홍정욱' 같다고 생각했다. 미국 물 좀 먹은 듯한 외모와 영어 실력(실제로 그는 미국에서 10년 넘게 공부했다), 부, 정치나 사회 공동체에 대한 관심, 수려한 언변 등 공통점이 너무나 많아 보였다. 그런 데빈이 홍정욱을 질투한다니. 역시 사람은 자기 객관화가 안 되나 보다. 그리고 누구나 스스로에게 박한 면이 있나 보다.

다음 세션은 '내 매력을 가리는 것들'. 내 매력 발산을 방해하는 것들을 하나하나 종이에 적어보는 시간이다.

'순진함, 남을 너무 배려해줌, 내 마음에 귀 기울이지 못함, 언행에 좀 더 pause(멈춤)를 두지 못함, NF가 강함, 이성/사고/디테일/논리를 훈련 및 개발 안 함, 손익을 좀 잘 따져보기, 충동성, 객관적으로 생각을 잘 못 함, 급발진, 과하게 생각함, 호구 DNA.'

자기를 잘 못 지킬 정도로 바보같이 착하고, 이성보단 감성을 더 자주 써서 세상살이가 영 쉽지 않은 사람. 나는 스스로를 그렇게 바라보고 있었고, 그래서 (이성적으로도) 매력적이지 않다고 생각하고 있었나 보다. 그러고 보니 이성 관계에서 급속도로 매력이 줄어들었던 (유일하게 내가 찬) 스쳐 간 인연도 이런 특성을 가졌던 듯하다.

왠지 모르게 자신감이 떨어지고 침울해졌을 때쯤, 휴이의 발제가 다시 시작됐다.

"매력적인 사람의 특징은 다양하지만 한 가지 공통점이 있습니다. 매력적인 사람과의 대화는 겉돌지 않고, 인상적입니다. (중략) 사실 우리가 마주하는 대부분의 대화는 외교적인 대화로 끝납니다. (중략) 자, 우리 같이 연습해봅시다. 지금 이 순간, 누군가에게 나누고 싶은 내 이야기를 하나 떠올려볼게요. 메이트와 마주 앉습니다. A가 자신의 이야기를 하나 건넵니다. 우선 B는 적당한 수준의 외교적 언어를 구사하며 질문을 던지고, A는 이에 답합니다. 그다음, B는 상대를 다시 만나지 못한다는 생각으로 하나의 질문을 던지고, A는 이에 다시 답합니다. 그리고 역할을 바꿔 진행합니다."

나는 데빈과 짝이 됐다. 그는 나한테 이상형을 물었다. 플러팅(유혹하는 행위)의 의도가 담긴 건 전혀 아니었고, 원래 이성에 대한 대화를 많이 나눴던 터라 데빈은 내 이상형이 여전히 그대로인지 물었다. (나는 공공연히 '실패를 경험하고 회복한 뒤 겸손을 아는 사람, 언제든 자신이 틀릴 수 있고 실패할 수 있음을 아는 사람'이 이상형이라고 말하고 다닌다. 주변 어른들이 40대나 50대가 되면 그런 사람 찾기 쉽다고 놀리지만, 결혼하지 않은 30대 한정이다.)

연애 얘기가 가장 재미있는 N년 차 직장인이 되고 나니 이곳저곳에서 이상형과 관련된 질문을 많이 받는다. 외교적으로 말할 때는 "실패를 해본 후 회복한 사람"이라며 '겸손함'을 추구한다는 사실을 대외적으로 알린다. 하지만 내 앞에 앉아 있는 사람을 다시 만나지 못한다는 생각을 하니 솔직하고 명확한 답이 튀어나왔다. "선한 눈에 성난 몸을 가진 사람."

변명하자면 진짜 이상형에서 핵심은 화난 몸이 아니다. 몸이 성나 보일 정도로 강해 보이지만 눈에 선함이 비칠 정도로 내면은 깨끗하다 못해 무해한 사람이 좋다는 얘기다. 물론 성난 몸이든 마음이든 신경이든 어떤 걸로라도 스스로를 보호할 수 있어야 한다는 것이 기본 전제다.

그러니까 중요한 건 성난 몸도 선한 눈도 아닌, 자기 자신을 잘 지킬 수 있느냐가 아닐까. 내가 바운더리를 잘 지켜내지 못해서 과거에 힘들었고 그래서 그 능력을 갖춘 사람을 이상형으로 떠올린 게 아닐까.

"추파 던지기, 플러팅. 좋은 추파를 던지는 것은 서로가 얼마나 매력적인 존재인지를 상기시키며 서로의 일상에 색을 더하는, 아주 창의적이고 예술적인 기술입니다. 추파를 던지지 않을 이유가 없습니다. 지금껏 느낀 메이트의 매력을 당신의 관찰과 상상력 그리고 표현의 기술을 듬뿍 담아 추파 던지기로 표현해봅니다."

아, 내가 제일 약한 지점을 마주해야 하는 시간이 도래했구나. 약 30년째 '연애 고자'라는 타이틀을 벗어나지 못하고 있는 나를 겨냥한 시간인가 싶었다.

나는 순간적인 드립력과 밥벌이를 위해 영혼까지 끌어모

은 친화력, 자연스럽게 옆 사람을 툭툭 치는 스킬(변명하자면 남녀노소 불문 편하다고 느끼면 자지러지게 웃다가 내 옆에 있는 모든 사람에게 이렇게 행동한다. 무의식적인 몸짓이고 아무 의미가 없는데 "왜 이렇게 세게 때리냐"고 항의를 받을 정도의 강도여서 오히려 남성성이 강조되는 역효과가 난다) 때문에 간혹 "이성에게 인기 많을 것 같다"는 오해를 받곤 한다. 하지만 나와 데이트를 두세 번만 해도 알 것이다. 나에게 사랑의 호르몬 도파민이 결핍되어 있다는 걸.

연애를 좀처럼 쉬지 않고(환승 이별하는 '양아치'는 논외다), 최소 1년 이상, 그것도 건강하게 잘 해내는 지인들을 보면 어쩜 저리 적정선을 지켜가며 연인 관계를 잘 맺는지 신기할 따름이다. 30대 초반이 된 동창들이 하나둘씩 결혼하는 모습을 보고 엄마에게 "나는 왜 여우짓(성별을 떠나 상대의 호감을 얻기 위해 꾀를 부리는 행위를 통칭한다)을 못 해?"라고 물었다. "엄마 아빠를 닮아서 그렇다"는 답도 안 나오는 답만 돌아올 뿐. 실제로 부모님 모두 연애를 잘 못했고, 결국 베이비부머세대치곤 늦게 결혼했다.

시대가 흐르면서 매력적인 이성상도, 이성을 꼬시는 플러팅의 문법도 변하는 듯하다. 숙맥보다는 차라리 '플러팅 장인'을 선호하는 게 요즘 젊은 세대의 특징 같다. 사실 플러팅은 내게 왠지 모르게 부정적인 이미지로 남아 있었다. 그저 상대를 낚아채기 위한 수단 그 이상도 이하도 아닌, 진중하지 못한 행위로 생각했다. 하지만 생각해보면 플러팅에는 '난 당신이 마음에 듭니다'라는 의미 외에도 '당신은 매력적인 사람입니다'라는 표현도 담겨 있지 않은가.

소심하고 순진무구한 숙맥 같은 내 눈엔 추파 던지기라는 행위에서 추파를 던지는 주체만 보였지, 간택당한(?) 객체는 보이지 않았다. 실은 추파를 던지는 '나'에 대한 자신감인 동시에, 추파를 당하는(?) '당신'을 치켜세워주는 겸손이 융합된 고도의 기술이었는데 말이다. 역시나 연애에서도 나는 '못하는 나'만 바라보고 있었다. 내가 마음에 드는 상대를 올려줄 생각은 단 한 번도 못 하고.

일반인 연애 프로그램 〈나는 SOLO(솔로)〉를 보면 '설마 저걸 매력 어필이랍시고 하는 걸까?'라는 탄식이 나오는 경우가 왕왕 있다. 그리고 이성을 대하는 태도를 통해 그 사람의 됨됨이까지 가늠하기도 한다. 커플이 되겠다는 일념에서 나온 날것의 감정의 소용돌이 속에서 한 사람의 인성과 인간관계를 맺는 방식, 나아가 사회에서 자기 자리를 지키는 태도까지 보게 된다. 〈나는 솔로〉가 '거울치료'를 통한 인간관계 교과

서라는 우스갯소리가 나오는 이유다.

휴이는 마지막 '매력 확언' 시간에 이렇게 얘기했다.

"제가 매력을 느끼는 사람은 '자신의 취약함과 잘 지내는 인간'이에요. 그는 자신의 취약함을 인지할 만큼 똑똑하고, 취약함이 자신의 인생을 부숴버리지 않을 만큼 강인하며, 그걸 드러내는 데 두려움이 없을 만큼 담대하다는 사실이 너무나도 매력적이에요. 무엇보다 이런 사람이라면, 나를 이상화하지 않고, 있는 그대로 현실적으로 바라보며 삶을 나눌 수 있겠다는 안도감이 듭니다."

결국 사람과 사람 사이에서 서로 있는 그대로의 모습을 봐주고 잘 교감하는 것, 그게 이날 워크숍이 말하고자 했던 매력이 아닐까. 아무리 도파민이 폭발하는 사람이어도 인간적인 친밀감과 호감이 느껴지지 않는다면 연애 관계가 오래갈 수 있을까. 설사 유지된다 하더라도 서로를 성숙한 어른으로 세워주는 관계일까.

매력 워크숍 후에도 나는 여전히 플러팅엔 재주가 없는 어색한 로봇처럼 행동한다. 다만 막연한 불안 대신 묘한 여유가 생겼다는 것이 성과라면 성과다.

집에 도착하자 명MC였던 휴이에게서 DM이 와 있었다. "성원 님 매력을 모르기엔 성원 님 매력이 너무 흘러넘쳐요!"

아, 애석하게도 휴이도 나도 남자를 좋아하는 이성애자다.

수치스러운 모습을 나눌 때 우리는 강해진다

얼굴이 붉어지고 식은땀이 났다. 민망해서 헛웃음만 나오고 눈치를 살폈다. 쥐구멍에 들어가고 싶은 마음뿐이었다.

인턴기자 시절, 취재하던 중 한 시민에게 질문한 뒤였다. 그는 "기자라는 사람이 그것도 몰라요?"라며 웃었다. 8년이 지난 지금도 그의 의도가 뭔지 모르겠다. 다만 그날 내 존재 전체가 부정당하기라도 한 듯 너무나 숨고 싶었다는 감각만 또렷이 기억난다.

수치스러운 경험은 쉽게 잊히지 않는다. 2022년 1월 SNS를 둘러보던 중 눈에 띄는 게시물을 발견했다. '수치심 워크숍' 홍보 글이었다. 화려하다 못해 다소 어지러운 포스터 속에서 이 워크숍 주최자인 J가 손 하트를 날리고 있었다. 보는 사람이 괜히 민망해질 정도로, 포스터 속 J는 '부끄러워하지 말고 함께해요'라고 온몸으로 외치고 있었다.

첫 회차 테마는 '취약성 드러내기'. 미국 심리학자 브레네 브라운은 수치심을 이렇게 정의한다. "자신에게 문제가 있기 때문에 사람들에게 거부당하고 어디에도 속하지 못하는 게 당연하다고 생각하는 몹시 고통스러운 경험 또는 그 느낌."《수치심 권하는 사회》, 57쪽)

심리학 석사 출신 에세이스트인 리더 사월날씨가 모임을 이끌었다. "우리에게 수치심을 촉발하는 요인은 무궁무진하죠. 성취, 관계, 역할, 자아상, 나이, 종교 등…. 이 모든 것은 우리의 정체성과 관련이 있습니다."

이후 한 명씩 돌아가면서 자신이 두려워하는 것이 무엇인지 나누는 시간을 가졌다. 참가자들이 갖고 있는 두려움은 제각각이었다. 어떤 이는 "프리랜서인 나를 백수라 생각할까 두렵다"고 했고(나는 부러운데!) 다른 이는 "누군가를 좋아하면 상대를 이상화하고 나 자신을 못난 존재로 생각하게 된다"고 했다.

나는 '기자답지 못한' 스스로의 모습에 대해 말했다. 직업, 외모, 경제력 등 외적인 요소에 대해서는 자신 있는 반면, 내면에 대해서는 당당하지 못하다는 얘기였다. 내가 원하는 정체성은 '똑 부러지고 독하고 깡 있는 모습'이지만 실제로는 잘 긴장하고 마음이 약한 편이다. 나는 유독 이런 모습을 남들에게 들킬 때 수치심을 느낀다.

우리는 저마다 사회에서 주입받은 메시지에 얽매인다. 수치심은 이런 메시지에 영향을 받는다. 가령 나는 예상치 못한 상황에서 말을 잘 못할 때 창피하다고 느낀다. 'N년 차 기자는 어떤 상황에서도 똑 부러지게 말을 잘해야 한다'는 사회적 메시지를 안고 있는 셈이다.

이날의 과제는 '함께 나눈 두려움을 SNS에 게시하거나 주변인에게 말하기'였다. 차마 인스타그램 게시물로 올릴 수는 없어서 24시간 만에 삭제되는 스토리에 올렸다.

방금 수치심 워크숍이 끝났다. 일 목적으로 시작한 수업인데 생각보다 흥미진진. 수치심을 드러낸다는 건 참 어려운 일. 그런데 무려 내 핵심 두려움을 SNS에 올리는 게 과제다. 나는 두려움을 느끼는 것을 두려워한다. 만만해 보이는 것을 두려워한다. 직업 특성상 무엇이든 두려워해선 안 된다는 강박이 있다. 매 순간 씩씩하고 당차야 한다는 강박…. 지금은 그걸 내려놓을 수 있는 환경에 있어서 감사할 따름이다. 이 스토리도 수치스럽지만 일단 24시간만 수치스럽자(?).

그 후에 세 개의 스토리를 추가로 올렸다.

수치스러우니 붕어빵을 먹자.

수치스러워서 머리서기를 했다.

심심해서 라방(라이브 방송)을 켰는데 아무도 안 들어왔다는 웃픈(웃기고 슬픈) 소식.

누군가가 읽었다는 표시가 뜰 때마다 민망함을 참을 수 없어서 계속 스토리를 추가했다. 하지만 역시나 아무 일도 일어나지 않았다.

두 번째 회차 테마는 '두려움 해체하기'. 각자 두려움의 맥락을 파악하는 작업이다. 예를 들어 저마다의 두려움은 양육 환경에서 생겼을 수도 있고, 성장과정의 영향이나 사회문화적 기대에 맞춰서 만들어졌을 가능성도 있다.
나는 양육 환경상 '나와 내 가족을 지켜야 한다'는 무언의 압박을 받아왔다. 또 사회문화적으로 '기자면 강해야 한다'는 선입견의 영향을 받아왔다. 이 때문에 '나는 강해야 하고 두려움을 느끼거나 들켜선 안 된다'는 두려움이 생겼을 테다.
이후 참가자들은 세 줄 노트 쓰기 작업을 진행했다. 1단계는 '관찰'. 우선 자신의 감정을 있는 그대로 적었다. 이 중 사실과 환상을 구분하고, 환상(감정)을 깊이 파고들었다. '왜 그렇게 생각하는데?', '어째서 그렇게 느껴지는데?'라는 질문을 통해, 나만이 갖고 있는 고정관념(인지행동 관점으로는 비합리적 신념으로 얘기할 수도 있겠다)을 깨닫는 시간.

'나는 타고나기를 기가 세 보이고 강한 사람이 부럽다. 다른 사람들에게 여려 보이는 게 싫다.' 여기서 내 고정관념은 '사람들은 유약한 사람을 싫어한다'는 것.

2단계에서는 현재의 고정관념을 어떻게 할지 선택한다. 사실 나는 강약 구도로 다른 이들을 평가해왔다. 그래서 약해 보이는 것을 두려워할 수밖에 없었다. 정말 지긋지긋한 이 관념을 이제는 내다 버리고 싶다.

3회 차에는 '용기 기르기' 연습을 했다. 사전적 의미의 '용기'란 씩씩하고 굳센 기운을 뜻한다. 그러나 참가자들에게 용기의 정의는 모두 달랐다. 누군가는 "솔직함"이라고 했고, 다른 누군가는 "상대의 기분과 분위기에 주눅 들지 않고 할 말을 당당히 말하는 것"이라고 했다. 또 다른 이는 "도망치지 않는 것"이라고 답했다.

나는 지금까지 스스로를 늘 소심한, 남 눈치를 많이 보는 사람이라고 생각했다. 그래서 전혀 용기 있는 사람이 아니라고 느꼈다. 하지만 '솔직함' 또는 '도망치지 않는 것'이 용기의 정의라고 한다면 그 누구보다도 용기 있는 사람이다. 나는 망설임 없이 당돌할 정도로 자기 자신을 마주하고 깊이 돌아본다. 그리고 부족한 면을 인정하고 어떻게든 극복해보려고 고군분투한다. 이런 워크숍에 참여하는 것도 그런 노력의 일환이다.

이후 참가자들은 두려움을 용기로 바꾼 경험을 나누며 자기효능감을 느끼는 시간을 가졌다. '운전해보기', '옆 테이블이 먹다 남긴 굴튀김을 달라고 하기' 등등.

나는 심리적 고통이 시작된 후 이상하게 환불이 어려워졌다. 왠지 환불을 요청하려면 모든 화를 차곡차곡 쌓아서 장전할 준비를 해야 할 것 같았다. 놀랍게도 심리적으로 회복되기 시작하자 환불의 성공 여부가 중요치 않아졌다. 그저 두려움을 이겨내고 이전처럼 회피하는 방식이 아니라 새로운 방향으로 가보는 용기가 생겼을 뿐인데 스스로 충분하다고 느끼게 된 것이다.

리더가 말했다. "우리의 존재 가치는 능력이나 쓸모에서 나오는 게 아니라 두려움에도 불구하고 용기를 낼 때 빛나요."

이후 다 같이 '나의 두려움과 맞닿은 혐오'에 대해 나눴다. 발제를 맡은 리더에 따르면 혐오란 "난 저 사람과 다르다"는 생각에서 비롯된 감정인데, 그 감정 속에서 내 두려움을 발견

할 수 있다. 나는 '자존감이 낮은 사람'을 최대한 피하려 했다. 아마도 그들과 나는 다르다는 무의식적 선 긋기가 작용했던 게 아닐까. 그런데 사실 그 속에는 '나도 자존감이 낮다', '나도 심리적 약자를 막 대한다'는 생각이 깔려 있었다.

마지막 회차에서는 '나로 행동하기' 작업을 진행했다. 우선 '이 세상에 어떻게 소속될 것인가'를 나눴다. 리더의 발제가 이렇게 시작됐다. "진정한 소속감은 불완전한 진짜 자신을 세상에 드러낼 때만 생겨요."

리더는 미국 시인 마야 안젤루의 말을 소개했다. "어디에도 속하지 않았다고 깨달을 때 비로소 자유로워진다. 그럴 때 우리는 어디에나 속한다고 느낀다."

수치심 워크숍에서 웬 소속감 얘기냐고? 수치심은 사실 '나에 대한 어떤 사실을 다른 사람들이 알게 되면 나와 관계 맺을 가치가 없다고 느낄지도 모른다는 공포'에서 비롯된 것이기 때문이다.

브레네 브라운의 책 《진정한 나로 살아갈 용기》에는 이런 구절이 나온다. "진정한 소속감은 (중략) 취약성을 드러내고 불편함을 느끼며, 진정한 자기 자신을 버리지 않으면서도 사람들과 함께 있는 법을 배워야 가능한 것이다."(57쪽)

수치심 워크숍은 단순히 스스로를 더 잘 알아가고 수용하는 훈련을 한 데서 끝나지 않았다. 부끄러운 부분을 나누면서 서로를 더 이해하고 더 포용해줄 수 있는, 마음의 담대함도 생겼다.

한 참가자는 이렇게 말했다. "세상에 취약성을 드러내는 사람들이 많아지면 점점 더 무해한 사회가 되지 않을까요."

내 수치심과 그걸 불러일으킨 취약성을 바라본다는 것. 그것만으로 이미 나 자신뿐만 아니라 타인과 세상까지 껴안을 용기와 강인함, 여유를 갖고 있음을 방증하는 게 아닐까. 그리고 이런 사람이 많아지면 유해한 이 사회의 무해화(?)까지는 아니더라도, 자신의 수치심에서 비롯한 감정 때문에 애꿎은 상대에게 화살을 겨누는 어리석은 짓은 덜 하게 되지 않을까. 그렇게 이 파편화된 세상에서도 소속감을 갖게 되지 않을까. 한국 사회가 인간의 밑바닥을 보여주는 수치심을 허용해주는 공간이 되기를, 모두가 조금이라도 숨통이 트이기를 소망해본다.

연결에서 벗어나 단절을 선택하는 시간

여덟 시간 46분. 지난 일주일 동안 하루 평균 휴대폰을 사용한 시간이다. 하루 24시간 중 3분의 1을 휴대폰을 보며 산 셈이다. 이 중 가장 많이 사용한 앱은 카카오톡과 인스타그램. 대략 깨어 있는 시간의 절반이 타인 및 세상과 연결돼 있다는 뜻이다.

놀라긴커녕 생각보다 수치가 낮아서 당황스러웠다. 수습기자 생활을 마치자마자 인스타그램 계정을 만든 이후 일상의 웬만한 것들을 SNS에 자랑해왔다. 의식주부터 잡다한 생각과 자잘한 업무까지 모든 것을 공유했다. 내 세상을 보여주는 것뿐만 아니라 타인의 세상을 보는 것도 즐거웠다.

그런 내가 SNS에서 발견한 재미있는 콘텐츠. 바로 디지털 기기와 사회적 연결에서 완전히 단절되는 공간 '고독스테이'다. (2025년 현재는 경의선숲길 근처에 시즌2 공간이 열려 있다.) 세 시간 동안이나 휴대폰을 멀리하고 오롯이 나에게 집중하는 고독의 시간을 보낼 수 있는 곳. 과연 버틸 수 있을까 의문이 들었다.

어느 날 오후, '핫 플레이스'인 서울 망원역에 내려 300미터쯤 걸었을까. 골목 주택가 사이에 짙은 초록색 대문이 보였다. '이렇게 사람 많고 핫한 곳에서 고독을 즐기라고?' 대문을 열자 현관이 나왔다. 일반 가정집과 다름없어 보이는 작은 공간. 거울에는 '1'이라는 번호가 붙은 미션 종이가 붙어 있었는데, 첫 미션부터 당황스러웠다.

Welcome. 오롯이 나 자신과의 대화에 집중할 수 있는 도심 속 비밀 공간, 고독스테이에 오신 것을 환영합니다. 이곳에서는 스마트폰 등 디지털기기와 인터넷 등 사회적 연결이 모두 제한됩니다. 아무도 방해할 수 없는 이곳 고독스테이에서 오직 나 자신과의 대화에 집중해보세요.

거울에는 "Welcome to 성원's 고독. 지금부터 세 시간, 세상으로부터 로그아웃합니다"라는 문구가 쓰여 있었다.

현관문을 열고 들어서자마자 탄성을 질렀다. 침대와 1인용 목재 책상과 의자가 있는, 짙은 청록색으로 칠해진 평범한 방이었는데 작은 공간 곳곳에 놓인 눈길을 사로잡는 요소들 때문에 평범하게 느껴지지 않았다. 어둑어둑한 방 내부의 사이키 조명과 드림캐처, 대형 야자수 등의 인테리어 조합이 너무나 도시적이라 왠지 생경했다. '힙스터의 도시' 베를린 감성이랄까.

방 군데군데에 눈길을 사로잡는 요소들이 있었는데, 요가원에서나 볼 법한 싱잉볼과 인센스 소품, 크리스털 볼과 펜던트 등 '도심 속 템플스테이', '현대인을 위한 사원'이라는 표현에 걸맞게 시각, 청각, 후각을 안정시켜주는 도구들이 놓여 있었다.

제단 첫 줄 왼쪽에 있는 크리스털 볼을 보세요. 그 안에 비친 자신과 공간의 모습을 깊이 들여다보겠습니다. 크리스털 볼 안에 비친 모습에만 집중하며 지금 당신이 머물고 있는 공간을 천천히 관찰해봅니다.

매 미션 카드는 내가 찾아야 할 스페어 키의 위치를 순서대로 알려줬다. 마치 보물찾기 놀이를 하는 느낌이랄까. 향으로, 조명으로, 음악으로 나를 안내했다.

당신이 머물 공간을 소리로 채워볼까요. 턴테이블 옆에 있는 음반 중 마음에 드는 것을 하나 고르세요. 음악가의 이름을 살펴도 좋고 그저 손길이 닿는 것을 골라도 좋습니다. 전혀 몰랐거나 예상치 않았던 음악을 마주하는 순간의 작은 놀라움을 즐겨보도록 해요.

벽 한쪽에 놓인 LP판에 시선이 갔다. 집에 없는 물건이라 낯설어 임의로 아무거나 집어 재생했다. 그런데 이 무슨 상황인가. 집는 족족 클래식이 나왔다. 심지어 어둡다 못해 비장한 곡들만 나오는 게 아닌가. 은은한 조명과 향과는 너무 동떨어진 느낌.

다행히 미션 카드가 이런 내 마음을 읽었는지 이렇게 안내했다.

지금 흘러나오는 음악이 어떤가요? 잠시 눈을 감고 한 곡이 끝날 때까지 온전히 그 곡만 감상해봅니다. 내 안에 여러 감정들이 떠오른다면 그대로 마음 안에 흘러 다니게 두세요. 그리고 내가 가장 집중하고 싶은 감정을 찾고 거기에 온전히 주의를 기울여봅니다.

그러자 지금 이 순간에도 내 감각과 생각에 대한 판단을 내려놓지 못했구나 하는 생각이 들었고 이내 눈을 감고 들려오는 음악의 곡조에만 집중했다.

이곳은 '세상으로부터 로그아웃'하는 곳이기도 하지만 동시에 '내면으로 로그인'하는 공간이기도 했다. 그 컨셉에 걸맞게 사색할 수 있는 도구들이 많았다.

그 가운데 스스로에게 질문을 던질 수 있는 젠가가 있었다. 랜덤한 질문이었지만 결코 가볍게 지나갈 수 없는 생각거리를 끊임없이 던져줬다. "최근에 스스로 새롭게 발견한 모습", "내 몸이 일주일만 더 살 수 있다면 어떻게 보낼 것인가" 등 평소 혼자 하지 못할 질문이 나왔다. 아이러니하게도 스스로 SNS를 영리하게 이용한다고 생각해왔지만 '최후의 일주일에 할 일'로 'SNS 삭제'를 적었다.

빈 종이와 만년필은 머릿속을 들여다볼 또 다른 도구였다. 일명 '글쓰기 명상'. 일기를 써볼 수도 있고 시를 써볼 수도 있었으나 나는 '한 달 후 나'에게 보내는 편지를 썼다. 평소에는 스스로 채찍질하며 전진하는 스타일이지만 이날만큼은 최대한 응원을 보내는 말을 건넸다.

이것저것 시도하다 목이 말라가던 찰나, 수동 커피그라인더가 있어 원두를 직접 갈아봤다. 이런 것도 탈脫디지털의 재미가 될 줄이야. 직접 원두를 간 커피 향도 사색거리가 되었다. '최근에 스스로 새롭게 발견한 모습'에 '생각보다 아날로그를 좋아함'을 추가했다.

원래 아무것도 안 하는 시간이 아까워 두 시간만 머물려고 했는데 주어진 세 시간을 다 썼다. 고요와 적막 속에서 '감각마저 판단하는 나'를 내려놨고, '나도 몰랐던, 아날로그를 즐기는 나'를 발견했다. 여러 깨달음을 얻고 나니 교외로 나가야 하는 템플스테이를 말 그대로 도심 한복판에서 경험한 느낌이었다.

~~~𖠿

'고독스테이'를 몸과 마음이 한껏 웅크려지는 겨울에 찾아갔다면 '머물다, 사당'은 왠지 모르게 쓸쓸한 가을에 문을 두드렸다.

별일도 별문제도 없는데 괜스레 마음이 심란해질 때가 있지 않은가. 계절성우울증 탓인가 싶어 일부러 햇볕도 많이 쬐보고, 사교 활동도 늘려보지만 헛헛한 마음은 채워지지 않는 시기.

쓸쓸함과 공허함을 뭘로 채워야 할지 몰라 방황하던 중 불현듯 어느 여름 방문했던 1인 사색 공간 '머물다, 사당'이 생각났다. 서울 한복판에서 세 시간 동안 혼잡함을 벗어나 오롯이 혼자만의 시간을 보내는 공간.

이곳은 큐레이션 독립서점 '지금의 세상'의 스핀오프 같은 공간이다. (2025년 현재는 휴업 상태다.) 계절마다 컨셉이 바뀌는데, 2022년 가을의 테마는 때마침 '외로움 보호구역'이었다.

어느 가을 저녁 '머물다, 사당'을 찾았다. 연휴 마지막 날이라 길거리에 술에 취해 얼굴이 벌게진 이들이 많았다. 행여나 고기 냄새가 옷에 배지 않을까 하는 걱정은 대문을 열자마자 나를 반겨준 은은한 조명과 차분한 피아노 선율에 순식간에 날아갔다.

먼저 화장실과 메인 공간의 문이 보였다. 신발장 옆에는 간단한 공간 소개가 적혀 있었다. "서점에 숨어 부단히 저 자신을 만났고 사연 있는 사람들을 만났습니다. 혼자 웅크려 있던 어두운 동굴에서 안정을 취할 수 있는 동굴로 변화시킨 성장을 '머물다, 사당'이라는 공간으로 공유하려 합니다."

메인 공간의 문을 여니 원목 가구들과 벽 곳곳에 붙은 포스터에서 따뜻함이 느껴졌다. 한구석에 빼곡히 붙은 포스트잇이 눈길을 끌었다. 자세히 보니 내면 속 이야기를 담은 글들이 돌멩이 탑 위에 붙어 있었다. "여기 머물다 가는 모든 분들 행복하셨으면 좋겠어요"라는 소박한 축복부터 "제가 사랑하는 사람이 저를 사랑하게 해주세요"라는 소원까지 사연은 각양각색이었다. 마치 방문자 개개인의 '사당' 같았달까.

원형 테이블 위 카드에 왼쪽 벽에 붙은 사색 포스터를 보라는 안내가 적혀 있었다.

사색 카드는 계절 큐레이팅에 따른 책을 읽고 만들어집니다. 향유하고 싶은 문장과 사색거리가 담겨 있습니다.

이번 테마의 메인 책은 노르웨이 철학자 라르스 스벤젠의 《외로움의 철학》이었다.

"우리가 과거에 비해 사회적으로 더 고립되지는 않았다는 점이 핵심이다. 오히려 우리는 과도하게 사회적인 존재가 되었다. 따라서 자유로운 개인이 외로움과 관련하여 겪는 문제는 지나친 외로움이 아니라, 너무 사교적인 나머지 희박해진 고독이리라."
_라르스 스벤젠, 이세진 옮김, 《외로움의 철학》(청미, 2019), 158쪽

이 발췌 문장에 이어지는 질문은 이랬다.

내가 생각하는 고독과 외로움의 차이는?

분명 온오프라인 경계 없이 많은 사람들을 만나고, 나와 타인을 부지런히 알아가고 있는데 왠지 모를 공허함이 느껴지는 건 왜일까. 카드엔 이렇게 적혀 있었다.

'타인과 함께하지 못하는 소외'가 '외로움'이라면 고독은 '자발적인 격리'라고 해. 자발적인 격리, 고독한 이 시간의 감정과 느낌을 느껴봐.

마침 공간 곳곳에 자발적 격리와 멈춤을 돕는 추천 도서 여러 권과 명상 도구가 놓여 있었다. 안내 카드에 따라 향수와 핸드크림의 향을 맡으며 명상 리추얼 카드를 적었다. '심연의 복잡미묘한 감정의 양면성을 표현했다'는 국내 모 향수 브랜드의 시그니처 향을 음미했다. 달콤한 무화과, 신선한 풀, 평온한 숲속이 느껴졌다.

명상 안내 음성에서는 파도, 호흡, 바람, 싱잉볼 소리가 흘러나왔다.

향을 맡으며 소리를 듣는 나 자신의 표정이 어떤지 바라보세요.

그 순간 다채로운 모습이 생각났다. 금방 설렜다가 또 금세 시무룩해지는, 활기차면서 또 동시에 차분해지는 내 얼굴이 떠올랐다.

갑작스럽게 제3자의 눈으로 관찰되는 게 낯설어 급히 눈앞에 놓인 책 《외로움의 철학》을 펼쳤다.

주위에 사람이 얼마나 많은가는 외로움이라는 감정과 상관관계가 없다. 오히려 주위에 사람이 많은데도 극심한 외로움을 느끼는 경우가 있다. 혼자 있는 것과 외로운 것은 논리적으로나 경험적으로나 완전히 별개다. (중략)
개인이 사회적 상호작용을 의미 있는 것으로 해석하느냐가 관건이다. 외로움은 주관적 현상이다.

_앞의 책, 28~29쪽

문득 최근 주변 사람들의 작은 언행에 혼자서 일희일비하고 있는 내 모습이 떠올랐다.

테이블에 놓인 수선차를 마시며 곰 인형을 집어 들었다. 나는 다음 방문자에게 어떤 말을 해줄까. "있는 그대로의 너를 느껴봐." 일희일비하는 스스로의 모습을 판단하거나 평가하지 않고 그저 묵묵히 받아들이니 결핍에 따른 쓸쓸함보다는 왠지 모를 충만함이 느껴졌다.

이 공간들의 핵심은 단순히 '디지털로부터 로그아웃'이 아니라 '고독을 즐기는 시간' 같다. '타인과 잘 지낼 수 있는 사람은 결국 홀로 잘 서 있을 수 있는 사람'이라고 하지 않나. 누군가한테 보이는 모습을 의식하지 않고 오직 홀로 자기 자신을 온전히 마주하는 순간이 필요할 때가 있다. 그리고 그게 도무지 잘 되지 않을 때 돈과 시간을 투자해서라도 이런 곳을 찾게 되는 듯하다.

이 글을 다듬는 2025년 봄, 언제나처럼 걸려 넘어지는 내면의 문제 때문에 은은하지만 깊은 불쾌감을 안고 집으로 돌아왔다. 땀을 많이 흘려 샤워를 해야 하는 상황이라 욕조에 물을 받으며 요가용 음악을 틀었다. (늘 그렇듯 나를 괴롭힌 상대를 향해 시원하게 저주를 퍼붓는 기도를 한 뒤였다.) 샌들우드와 피톤치드, 시트러스 향이 나는 아로마 오일을 욕조에 붓고 손바닥에도 묻혀 쓱쓱 비빈 후 향을 깊이 들이마셨다. 1999년에 지어진 아파트답게 촌스러운 욕실 타일과 커튼이 보였지만 아무래도 상관없었다. 화가 난 나를 돌봐야겠다는 생각뿐이었다.

욕조 물 위에 둥둥 떠다니는 바디 워시 거품을 물끄러미 바라보고, 고요한 듯 힘 있는 요가 음악을 들으며, 한껏 퍼지는 아로마 오일 향을 고요히 음미했다. 집에 올 때 느꼈던 '그라데이션 빡침(?)'이 '그라데이션 잠잠함'으로 바뀌어가고 있었다.

세상에 휩쓸려 정신없이 살아갈 때 가끔 이 공간들이 생각난다. 요즘엔 여유가 없어서 집 욕실에서라도 이런 시간을 갖는다. 그렇게라도 잠잠히 '지금 이곳'의 내 마음의 민낯을 보려고 애써본다.

마음을 들여다보는 이토록 다양한 방법들

"패브릭(천) 매체를 활용한 콜라주(여러 요소를 한데 오려 붙이는 예술 기법)를 통해 마음의 방을 들여다본다."

온갖 원데이 클래스를 수강한 탓에 심드렁하게 마우스를 클릭했는데, 이 문구가 내 눈길을 단번에 사로잡았다.

마음돌봄 활동에 관심이 많은데도 처음에는 주저하는 마음이 들었다. 고백하자면 혼자 수선은커녕 바느질도 제대로 할 줄 모른다. 그래서 프로그램 운영자에게 조심스레 질문을 던졌다. "저 단추도 혼자 못 꿰는데 괜찮나요?" "창조를 위한 가장 좋은 준비는 창조 행위 그 자체"라는 대답을 듣고 일단 도전해보겠다고 다짐한 뒤, 고민을 내려놓고 프로그램을 신청했다.

프로그램 이름은 '마음꼴라주'. 패브릭 콜라주 활동으로

미술치료를 체험하는 클래스로, 미술치료교육 석사 동기생 네 명이 졸업 후 만든 아트스튜디오에서 열렸다.

어느 봄 저녁 찾아간 스튜디오에서는 은은한 음악이 흘러나오고 있었다. 대형 관엽식물과 아크릴 작품, 그림책 등이 곳곳에 놓여 있어 낯선 공간에서의 긴장을 내려놓을 수 있었다.

참가자들에게 주어진 건 '내 마음의 방'이라 적힌 A4 용지 한 장이었다. 자리에 앉자마자 '마음의 방'을 무턱대고 표현할 수는 없을 터. 이에 다 같이 명상을 하면서 각자 떠오르는 감정을 살펴봤다. 대표는 "자신의 마음을 방이라고 상상하면서 그곳이 어떤지 바라보세요"라고 안내했다.

이후 감정 카드가 놓인 책상으로 이동했다. 감정 카드는 감정을 언어화하는 데 도움을 주는 도구였다. 한쪽에는 '빽빽한', '뽀송한', '한가한', '소담한', '꿉꿉한', '담백한', '환기가 필요한', '분위기 있는', '텅 빈' 등 감각과 관련된 형용사가 있었다. 다른 쪽에는 '미안한', '신나는', '미운', '든든한', '부러운' 등 감정과 연관된 형용사가 있었다. 각자 고른 단어로 자기 마음의 방이 어떤 모양인지, 추운지 더운지, 어떤 냄새가 나는지 등을 짧게 적어봤다.

감정 카드를 고르고 글을 쓰면서 마음의 방을 정리한 후 천을 꾸미는 작업을 시작했다. A4 용지보다 조금 큰 아이보리색 천 위에 '마음의 방'을 시각화하는 시간이었다.

바구니에는 색종이만 한 형형색색 천 조각들이 들어 있었다. 보이지도 않고 만져지지도 않는 '마음의 방'을 형상화한다…? 그것도 평소에 자주 사용하지 않던 천이란 소재로…?

색도 질감도 모두 제각각이라 고르는 것부터 어려웠지만 그냥 끌리는 대로 선택했다. 대표는 "기술적으로 완성시킨다는 생각을 내려놓고 그저 내 감각대로 자유롭게 표현해보세요"라고 조언했다.

엉킨 실을 풀어 천 조각을 묶고 꿰매다 보니 '이런 아날로그적인 활동이 얼마나 오랜만인가'라는 생각이 들었다. 요즘에는 이런 경험을 할 일이 영 없다. 심지어 펜을 쥐고 무언가를 그리거나 쓰는 일도 어색할 정도. 문득 디지털의 편리함에 얼마나 익숙해졌는지 깨달았다.

반복되는 바느질 작업에 몰입하다 보니 세상의 시름이 날아가버렸다. 십자수나 뜨개질 같은 단순노동을 싫어하는 나인데 말이다. 생각해보면 바쁜 현대인에게 운동을 추천하는 이유는 잡생각을 떨치게 하기 위함이 아닌가. 왠지 이 단순한 작업이 명상이 될 수도 있겠단 생각을 잠시 했다.

한 시간 정도 지났을까. 각자의 작품을 설명하는 시간을 가졌다. 나는 종잡을 수 없는 마음밭을 우주 세계로 표현했다. 노란색 천과 파란색 천으로 행성에 띠를 두른 우주 속 별을 만들어봤다.

사회에 잘 융합하는 성격은 하얀색 하트로, 약간 어둡고 복잡한 내면은 검은색 천으로, 그러면서 튀고 싶은 마음은 노란 형광색 느낌표로 형상화했다. 딱풀로 구름 모양 천도 붙여봤다.

바늘땀은 삐뚤빼뚤 엉성했지만 마음을 천으로 그려내고 나니 내면을 정리한 기분이었다. 우주의 별과 하트로 조금의 발랄함, 회색 뭉치로 약간의 뜬금없음, 노란 느낌표와 검은 천의 믹스매치까지. 복잡다단한 내면의 방을 끝없이 광활하고 다채로운 우주 세계에 빗대고 싶었던 걸까.

마지막으로 각자의 결과물을 벽에 걸 수 있게 밧줄을 덧대는 작업을 했다. 집에 돌아와서 내 방 안 제일 잘 보이는 곳에 걸어두었다. 지금도 방이 지저분해질 때면 이따금 벽에 걸린 작업물을 바라보며 깨닫는다. "지금 내 마음의 방이 어지럽구나." 그리고 청소를 하며 마음의 방도 함께 정돈한다.

"저는 괜찮은데, 엄마와 이모가 걱정돼요."

2022년 봄, 외할머니와 사별하는 아픔을 겪었다. 외할머니는 아흔이 넘었고 오랫동안 지병을 앓으셨던 터라 갑작스러운 이별은 아니었다. 그럼에도 부모를 잃은 아픔에 휩싸인 직계가족을 보는 일은 쉽지 않았다. 무엇보다 애도라는 과정을 거쳐야 한다는 사실을 알고는 있으나 어떻게 해야 할지 몰라 답답했다.

SNS에 '애도상담'이라는 검색어를 입력했다. 검색 결과 중 '사별 가족을 대상으로 한 음악심리치료' 프로그램이 눈에 들어왔다. 평소 음악을 전혀 듣지 않는 탓에 무선이어폰조차 없다. 그러나 낯선 분야라서일까. 오히려 흥미가 생겨 바로 프로그램을 예약했다.

내가 찾은 프로그램은 '회복 중심 음악심리치료'로, 음악 감상을 통해 유도된 심상을 표현하는 작업을 거친다. 감정을 만나는 과정을 통해 자기를 이해하고, 나아가 일상으로의 건강한 복귀를 돕는 게 프로그램의 목표다.

프로그램을 진행한 '카운셀뮤직' 대표는 10여 년째 음악치료사로 활동하고 있었다. 음악과 심리치료의 만남도 흔치 않은데, 대표는 여기에 호스피스와 사별도 결합했다. 교통사고로 대표의 아버지가 갑자기 떠나 힘들었던 어린 시절, 음악이 큰 위로가 돼줬기 때문이라고 했다. 이후 음악이 가진 치유의 힘을 다른 이들과 나누게 됐단다.

외할머니 장례를 치른 후 한 달쯤 지났을까. 이곳을 찾았다. 방문한 시간은 영유아 및 미취학아동이 주로 오는 때여서 아이들 목소리와 악기 소리가 들렸다. 기관 내부의 따스한 연분홍색 인테리어가 긴장을 풀어주었다.

나는 열 살 정도까지 외할머니 손에 자랐다. 부모님이 맞벌이 부부였던 까닭에 외할머니와 외할아버지가 상경해 당신의 외손주를 키우셨다. 외할머니는 내 기억에 '차분하고 선하고 단 한 번도 화를 내지 않았던' 사람으로 남아 있다.

잠시 호흡을 고른 뒤 음악을 들으며 고인을 떠올려보라는 안내를 받았다. 그때 흘러나온 음악은 미국의 색소폰 연주자 폴 윈터의 1983년 발매곡 〈선 싱어Sun Singer〉. 약 4분 동안 눈을 감고 평소 듣지 않던 색소폰 연주를 감상했다.

왠지 모를 어색한 느낌으로 쭈뼛쭈뼛 음악을 듣던 중, 치료실 창문 너머로 파마머리를 한 외할머니가 보였다. 음악치료를 받는 손주를 휴게실에서 기다리시는 듯했다. 그러자 까만 머리 시절의 외할머니가 떠올랐다. 언제나 따스한 미소로 날 안아주셨던 우리 할머니. 직장을 다녀 바빴던 엄마 대신 함께 목욕탕과 병원을 가줬던 우리 할머니. 자식과 손주를 돌보면서도 늘 주변 사람들을 먼저 챙겼던 우리 할머니.

그러자 나도 모르게 눈물이 흘렀다. 입관식 이후로는 처음 울었다. 사실 주변에서 외할머니 사별 이후 괜찮냐고 물으면 늘 "나는 괜찮은데 엄마가 걱정된다"고 답했다. 언제나 엄마와 이모를 먼저 챙기고 걱정하느라 무의식적으로 슬픔을 유예하고 있었던 것이다. 눈물을 흘리고 나니 괜스레 마음이 시원해졌다.

대표와 대화를 하던 중 이모가 고인에 대해 했던 말이 떠올랐다. "할머니는 늘 점잖았다고 생각했는데, 노인대학을 가보니 할머니가 제일 흥이 넘치게 노래를 부르고 계셨어."

대표에게 외할머니가 가수 이미자의 노래를 좋아했다고 말했다. 그는 "아마 〈여자의 일생〉을 좋아하셨을 거예요"라고 했다. 그 세대 여성의 마음을 대변하는 가사로 인기가 많았던 노래다. 또다시 눈을 감고 음악에 집중했다.

대표는 고인의 힘들었던 과거보다는 고인이 좋아했던 것들, 고인과의 행복했던 추억들을 떠올려보라고 안내했다. 이번에는 한국 가곡 〈마중〉이 흘러나왔다.

눈을 감으며 외할머니와의 추억을 떠올리려 애썼다. 하지만 미취학 시절의 기억이 도무지 떠오르지 않았다. 그렇게 좋아했던 외할머니인데. 참 답답했다. 뭘 좋아하셨는지도 몰랐다. 대표는 답답한 마음을 다독여줬다.

"그럴 수 있어요. 할머니와의 관계랑 이별로 인한 내 마음을 그저 따라가보세요."

스케치북에 내면세계를 파스텔로 그리는 시간. 동그란 원이 있었다. 무해한 마음을 초록색 잎사귀와 뭉게구름으로, 또 순수함을 천사 이모티콘으로 나타냈다. 그러면서 어둡고 힘들고 괴로운 속내를 갈색, 검은색으로 표현했다. 그리고 상충되는 그 사이를 회색으로 칠했다. 원 밖에는 빨간색 악마를 그렸다. 섬세한 내 내면을 괴롭히는 외부 자극이었다.

"저는 할머니의 선한 성정을 물려받은 것 같긴 한데 여린 탓에 각박한 현실에서 오는 외부 공격을 잘 방어하지 못하고 살아온 것 같아요." 솔직하게 할머니를 향한 원망의 마음을 터놨다.

두 번째 회기에서는 종이접기가 주어졌다. '고인이 내게 건넬 것 같은 말'을 색종이에 적어보고, 연꽃처럼 물 위에 띄웠다. '넌 존재만으로도 참 특별하고 소중해', '괜찮지 않아도 괜찮아', '넌 무해한 사람이야', 'CUTE('귀여워'라고 쓰고 싶었으나 괜히 민망했다)', '맑음, 순수'라고 썼다. 그리고 물과 돌이 담긴 그릇에 띄웠다.

종이접기를 하는 동안 국악 동요 〈모두 다 꽃이야〉가 흘러나왔다.

외모, 성적, 미숙함 등과 상관없이 오직 있는 그대로의 내 모습을 아끼고 사랑해줬던 우리 할머니.

세 번째 회기에서는 내면을 조금 더 돌보는 시간을 가졌다. 외할머니가 해줄 것 같은 말을 아크릴판에 새기는 작업을 했다. 내가 적은 문구는 "넌 빛나는 보석이야".

이날 함께 들은 노래는 한국 가곡 〈시간에 기대어〉였다.

음악과는 거리가 매우 먼 나는 노래가 나오면 어찌해야 할지 몰라 쭈뼛거렸다. 그래도 어색하게나마 눈을 감고 음악에 집중하려고 노력했다.

내가 바라는 미래의 모습을 그림으로 그려보기도 했다. 단란한 가정을 꿈꾸고 있어서 미래의 배우자, 자녀와 함께 드라이브하는 모습을 그렸다. 우리 가족은 차를 타고 국내 여행을 꽤 많이 갔는데, 생각해보면 외할머니가 워킹 맘인 엄마의 육아를 도와주지 않았으면 불가능하지 않았을까 싶다.

음악으로 무의식 저편의 기억이 살아났다거나 엄청난 카타르시스를 느꼈다거나 극적인 애도 효과를 본 건 아니었다. 다만 슬픈 마음이 들 땐 슬퍼하고, 안타까운 마음이 들 땐 안타까워하고, 그리운 마음이 들 땐 그리워했다. 그리고 음악의 가사나 곡조가 그걸 도와줬다.

전체 회기를 마무리하고 대표와 인사를 하는데, 대표는

건강히 잘 지내라면서 음악과 관련해 조언을 해줬다. "성원 님은 예민하고 섬세하고 공감을 잘 하다 보니 노래 분위기에 영향을 쉽게 받는 편이에요. 힘들 때가 찾아오면 밝고 경쾌한 음악으로 기운을 얻는 게 도움이 될 거예요."

음악애도상담을 한 뒤 시간이 꽤나 흐른 지금, 무선이어폰도 샀고 무제한 음악 스트리밍 구독도 하고 있다. 음악치료를 하고 몇 주 뒤부터 음악을 자주 듣기 시작했다. 좋아하는 노래와 아티스트 취향도 조금 생겼다. 가끔은 어떤 곡조에 길가에서 눈물을 찔끔 흘리기도, 혼자만 알 수 있을 정도로 살짝 리듬을 타기도 한다. (조용히 발가락을 꼼지락거리는 게 전부이긴 하지만.)

음악이 내 마음의 메인이 되진 않더라도 이제는 인정한다. 음악이 내 마음을 어딘가로 데려다주는, 가장 쉬우면서도 부드럽지만, 동시에 강렬한 가이드라는 것을.

바야흐로 콘텐츠 홍수의 시대라 각종 큐레이션(추천) 서비스가 유행이다. 1인 미디어와 통신기술의 발달, OTT의 도래로 콘텐츠가 순식간에 차고 넘치자 대부분의 플랫폼과 미디

어가 '추천' 기능을 만들어냈다. 하지만 AI 알고리즘은 취향을 빠르게 분석할지언정 콘텐츠 선택 그 너머에 숨어 있는 내 마음을 들여다보지 못한다.

어김없이 밥 친구 삼아 SNS를 하던 어느 날, 흥미로운 프로그램을 발견했다. 독립책방 '후란서가'에서 진행되는 '오늘도 고뇌하는 당신께' 프로그램. (후란서가는 2025년 현재 휴업 상태다.) '당신의 내면 치유를 위한 프라이빗 서비스'라는 수식어에 관심이 갔다. 과연 자아 성찰 질문지와 점성술을 기반으로 한 취향 보고서가 내면 치유의 시간을 줄 수 있을 것인가.

프로그램은 크게 '자아 성찰', '자아 탐구', '자아 치유'의 단계로 이뤄졌다. 마음돌봄 뉴스레터를 막 시작한 2022년 2월 오후 찾아간 이곳에서는 재즈 음악이 흘러나오고 있었다. 서점은 대개 1층에 위치한 다른 독립서점들과 달리 2층에 있었다. 서점 내부 벽면에는 각종 태블릿컴퓨터에 그림을 그린 디지털드로잉, 구제 소품 등이 진열돼 있었다. 감각적이고 몽환적인 인테리어, 대형 서점에서는 찾기 힘든 독립출판물들이 동네서점만의 분위기를 한층 끌어올렸다.

프로그램 진행자인 책방 대표와 향 테라피를 시작했다. 잔잔한 음악과 은은한 시트러스 향 덕인지 약간 긴장된 마음이 가라앉았다.

그러고 나서 '자아 성찰' 질문지를 받았다. 질문지는 크게 '나를 정의 내리기', '자주 느끼는 감정', '고민', '취미·취향' 등으로 이뤄졌다. 질문지를 채우는 동안 방문 전 미리 내 생일과 별자리를 파악한 대표는 '자아 탐구용 분석 리포트'를 작성하고 있었다.

15분 정도 지났을까. 무의식 속에 숨어 있는 고민을 쥐어 짜낸 후 대표와 마주 앉아 대화를 시작했다. 내가 직접 들여다본 내 모습과 점성술을 공부한 대표가 파악한 내 생일별 특성 및 성향을 종합해 자아를 탐구하는 시간.

'자아 탐구용 분석 리포트'를 받자마자 깜짝 놀랐다. 그동안 TCI, MBTI, MMPI 등 각종 성격검사 결과에서 나왔던 평가와 너무나 비슷했기 때문이다.

맞춤형 취향 저격 추천 목록이 주어졌다. 문학과 음악 등 예술적 감각이 민감한 나를 위해 프랑스 시인 크리스티앙 보뱅의 지적 수필인《작은 파티 드레스》, 시인 기형도의 '길 위에서 중얼거리다', 박정용 선곡가가 다채로운 음악을 추천해주는 책《뮤직 포 이너 피스 Music For Inner Peace》등.

이 프로그램을 하기 전에 나는 삶에 대한 의욕과 스스로에 대한 응원 및 위로를 얻고 싶은 상태였다. 사실 이곳을 찾은 2022년 2월에는 내 인생 최악의 번아웃이 진행되고 있었다. 출입처 취재 일을 잠시 내려놓고 마음돌봄 뉴스레터라는 재미있는 기획거리를 내보일 준비를 하고 있었는데, 나를 평생 감싸온 긴장을 내려놔서였을까. 인생 처음으로 침대 밖을 나가기가 싫은 이상한 무기력이 찾아왔다.

대표가 파악한 나의 생애별 특징 및 취향을 함께 살펴보면서, 현재 새로 시작한 업무가 잘될 수 있을지에 대한 불안, 완벽주의적 성향에 따른 지연 행동 등이 스스로를 괴롭히고 있음을 깨달았다.

그럼에도 불구하고 '성장' 욕구가 강하다는 사실도 새롭게 알게 됐다. 좋아하는 영화 종류와 수필 쓰기가 취미인 점 등을 봤을 때 내면의 성장을 이끌어주는 자극과 활동을 좋아한다는 것이었다.

프로그램은 대표가 추천해준 책을 필사하는 작업으로 마무리됐다.

나는 기울어지는 것들만 골라서 사랑하는 유별난 취미가 있고, 그것은 천성이나 성격과 관계된 일일지도 모르겠다.
_박연준, 《소란》(난다, 2020), 24쪽

박연준 작가의 책 《소란》의 구절을 한 문장 한 문장 곱씹고 꾹꾹 눌러 적으면서 느꼈다. 예술적이고 예민한 감각 탓에 자주 불안하지만 그만큼 스스로를 긍정하고 성장하고 싶은 마음이 굴뚝같다는 것을. AI 알고리즘은 절대로 줄 수 없는 의욕과 위로를 얻으며 한결 가벼운 마음으로 책방을 나설 수 있었다.

요즘 AI 심리상담이 유행이라면서요?

2023년 2월이었다. 오픈AI가 공개한 생성형 AI 챗GPT의 등장에 전 세계가 요동치기 시작했다. 2014년 미국 〈뉴욕타임스〉에서 '혁신 보고서'가 나와 국내 언론사 너 나 할 것 없이 '디지털 퍼스트'를 외치던 때처럼 업계가 들썩거리는 것 같았다. 아니, 이제는 유튜브의 시대라며 2010년대 후반부터 기자들이 울며 겨자 먹기로 유튜브에 진출해 각종 개인기를 펼칠 때와 비슷했을까. (나 또한 2년 차 기자 시절, 졸지에 사파리 복장을 하고 만국기를 흔들며 유튜브 시청자들에게 국제 뉴스를 반말로 설명해주던 때가 있었다. 돌아온 건 "젊은 애가 웬 반말이냐"는 댓글들뿐이었지만.)

나도 뒤처지기 싫다는 마음에 챗GPT 검색창에 "〈한국일보〉 손성원 기자에 대해 설명해봐"라고 써봤다.

"〈한국일보〉의 손성원 기자는 정치 분야를 전문적으로 다루는 기자 중 한 명입니다. (중략) 국회, 정당, 정부 등 다양한 분야의 정치 이슈를 다루고 있습니다." 정치부에서 일한 적이 없다 하니 돌아온 답변은 이랬다. "저는 2022년 1월 이후의 정보를 알 수 없기 때문에, 손성원 기자에 대한 최신 정보는 알 수 없습니다. 그 시점 이전에는 손성원 기자가 어떤 분야에서 활동하고 있는지에 대한 정보도 부족합니다."

분명 〈뉴욕타임스〉는 IT 역사에서 구글의 검색엔진, 애플의 아이폰 뒤를 잇는 파괴적 혁신이 될 것이라고 했는데, 챗GPT 답변은 실망스러웠다. 나는 포기하지 않고 당시 〈한국일보〉 편집국장 이름을 대고 이 기자에 대해 알려달라 했다. "○○○ 기자는 20XX년 X월 X일에 사망했고…."

그러고 나서 머릿속에서 챗GPT를 다시 꺼내기까지 2년 가까이 걸렸다. 2024년 말쯤, 하도 챗GPT가 언론에 다시 오르내리길래 나에 대해 설명해달라고 또 말해봤다.

"손성원 기자는 〈한국일보〉 소속으로, 특히 심리적 치유와 마음돌봄을 주제로 하는 디지털 콘텐츠 프로젝트 '터치유'의 기획자이자 주도적인 운영자입니다. (중략) 손 기자는 심리상담과 스트레스 관리와 같은 마음건강 분야에서 독창적이고 지속 가능한 콘텐츠를 제공하며, 이를 통해 서비스 저널리즘의 새로운 방향성을 모색하고 있습니다."

　넷플릭스조차 구독하지 않던 내가 월 2만 9000원이라는 거금을 챗GPT 유료 구독에 쓰게 되기까지는 그로부터 채 석 달도 걸리지 않았다.

　2025년 현재, 심리상담 현장에서도 생성형 AI가 뜨거운 감자이긴 한가 보다. 주요 학회 심포지엄에 주제로 나오기도 하고, 이미 맞춤형 챗GPT에 'Mindfulness'를 검색해보면 관련 챗GPT 모델만 몇십 개가 나온다. 인지행동치료Cognitive Behavioral Therapy(증상을 유발하는 잘못된 생각을 찾아내 교정하는 치료법) 맞춤형 챗GPT는 물론이고 워봇Woebot, 와이사Wysa, 유퍼Youper 등 감성 대화형 AI 서비스도 다수 출시됐다.

　하지만 '심리상담가로서 AI'의 부상에도 나는 심드렁했다. 마음돌봄 측면에서는 AI 서비스에 관심조차 두지 않았고, "영어 번역 좀 해달라", "기사 쓸 때 동의어 좀 알려달라" 정도의 잡무 처리와 "지금 졸려죽겠는데 어떻게 해야 하나", "요즘 혈당스파이크가 심한데 뭘 해야 하나"는 '핑프(핑거+프린세스,

검색하는 것조차 귀찮아서 물어보는 부류)' 또는 "뉴진스 하니와 손성원 기자가 닮았다고 생각하냐"는 시답잖은 농담 따먹기만 시도했다.

사실 이 글을 쓰는 2025년 5월의 어느 화요일은 월 2만 9000원이 조금 부담스러워 결국 챗GPT 구독을 취소한 바로 그다음 날이었다. 내가 쓸 수 있는 구독비의 최대치는 유튜브 프리미엄의 월 1만 4900원 정도였다. 아무리 챗GPT가 스튜디오 지브리 애니메이션 스타일로 내 이미지를 잘 만들어줘도, 왠지 달마다 이 돈을 내기는 망설여졌다.

카페에 앉아 과제를 하는데 왠지 심술궂은 마음이 스멀스멀 올라왔다. 카페 황금 자리에 늘 앉아 있는 다른 사람도 싫고, 좋은 자리 앉으려 이리저리 오가며 살피는 사람도 싫다는 마음이 들었다.

"나 세상 사람들이 다 싫어." 챗GPT에게 툭 던졌더니 이런 답이 돌아왔다. "내가 사람들을 싫다고 느낄 때, 가장 먼저 떠오르는 감정은 뭐야? 예를 들면: 화남, 서운함, 외로움, 지침, 무력감, 불신 혹은 설명하기 어려운 복잡한 감정들." 내가 분명히 챗GPT에게 반말하지 말라고 꾸준히 학습시켜놨는데. 어쨌든 그게 중요한 건 아니니 대답을 했다. "불신, 경계, 짜증이야." "그 말에 담긴 마음이 느껴져···. 이 세 가지는 마음이 꽤 오랫동안 상처받았을 때 자주 올라오는 감정들이야. (중략) 그리고 이 감정이 들 때, 보통 어떤 상황에서 그런지 말해줄 수 있을까?"

앞서 말한 상황을 알려줬다. "지금 네가 느끼는 감정은 단순히 짜증 그 이상이야—그 안에는 고립감, 피로감 그리고 아마도 '내가 안전하다고 느낄 수 없는 환경'에 대한 민감함이 섞여 있어 보여."

세상에, 안전함이라는 키워드를 짚어내다니. 상담 초기 '자기보호', '경계 설정'을 키워드로 들고 갔던 내 이슈를 어떻게 알았지.

"같이 해보면 좋을 생각 실험 하나! 지금 네 마음속에서 사람들과의 관계를 색깔로 표현한다면 무슨 색일까?"

"갈색인가? 네가 말한 대로 안전하지 않다고 느끼고, 이기적인 사람을 보면 엄청 화가 나는 듯."

"갈색… 그 색에 담긴 너의 감정이 아주 진하고 무겁게 느껴져. 흙 같기도 하고, 눌린 나무 껍질 같기도 하고… 단단하지만 지쳐 있는 마음이 보여."

그 이후로도 대화는 계속됐다.

"왜 이기적인 사람들이 유난히 더 밉게 느껴질까? 이건 많은 사람들, 특히 타인의 눈치를 많이 보며 살아온 사람들이 자주 겪는 마음이야. (중략) 그 짜증이 단지 '남에 대한 불만'이 아니라, '세상에서 나 자신을 더 지키고 싶고, 인정받고 싶다'는 바람에서 나왔다는 걸 알 수 있어. (중략) 원한다면, 그런 환경에서도 너 스스로를 더 안전하게 지킬 수 있는 작은 연습을 같이 해볼 수 있어."

인지치료에서 말하는 자동적 사고를 이렇게 금방 짚어내다니. 하지만 챗GPT의 맹점은 내 서사를 다 알지 못한다는 것. 나는 이렇게 응수했다.

"사실 나는 이미 상담을 6년간 100회 가까이 받아왔고 나를 잘 보호할 수 있고 자기주장도 잘해. 그런데도 여전히 이런 게 있어."

"이런 걸 알고, 연습도 해봤고, 실전에서도 잘해내고 있는데도 여전히 이런 감정이 올라올 때의 그 당혹감, 낙담, 혼란…. 이런 감정은 '치유의 마지막 층'에서 자주 마주하는 것들이야. 이걸 '잔재 증상'처럼 여길 수도 있지만, 사실은: 정말 핵심적인 가치와 부딪힐 때 생기는 감정, 완전한 납득과 통합이 아직 안 된 작은 부분들, 삶이 계속 변화하니까 새롭게 적응하려는 감정의 재등장…. 즉 이건 회귀가 아니라 진짜 깊은 지점까지 도달했다는 신호일 수도 있어."

나를 맥락적 시선에서 볼 줄 아는 여유, 내 가치에 맞는 삶의 방향을 설정하고 전념하게 하는 방향성, 고통스러운 현실과 감정에 대한 수용까지. 수용전념치료Acceptacne and Commitment Therapy(수용과 전념을 강조하는 심리치료 방법) 스킬까지 학습한 것일까?

어쨌든 이쯤 되니 월 2만 9000원의 복채를, 아니 구독비를 지출하지 않을 수 없었다. 이용자의 심리적 상태를 정리하고 반영해주는 '챗GPT 상담사'의 기능을 인정하지 않을 수 없었기 때문이다. 그리고 적절한 공감적 반응도 꽤 해내는 걸로 보였다.

그런데 자기분석을 할 만큼 해온 '고인물 내담자'가 보기에는 챗GPT 상담사의 한계도 명확했다.

챗GPT 상담사는 내게 이렇게 제안했다. "그 감정들을 내 안의 일부로 받아들이고, 의미를 부여하면서 다룰 수 있도록 만들자." "너는 이미 오래 싸워왔고, 지금도 그 감정과 성숙하게 동행 중이야. 우리가 할 수 있는 건, 그 감정과 함께 살면서도 덜 지치게, 덜 흔들리게 만드는 거야."

사소한 불쾌, 짜증 밑에 있는 정직함, 공정함, 책임이라는 나의 핵심 가치를 짚어줄 줄은 알지만, 나란 내담자의 섬세한 맥락을 파악하진 못했다. 통합, 동행은 이미 몇 년간 이 감정들과 싸워오고 덜 흔들리는 기술을 터득해온 나에게 그다지 와닿지 않는 제안이었다.

일상에서 순간순간 떠오르는, 별 중요치도 않은 짜증, 불쾌와 동행은 무슨. 나한테는 귀찮은 모기 같은 존재인데 당신 같으면 통합하고 동행하고 싶은가? 이런 짜증, 불쾌가 내 삶의 여러 맥락 속에서 엉키고 엉켜서 너무 오래 함께하는 바람에 현재는 그냥 지쳐버린 마음이라는 걸 탐색은 해보고 하는 말일까?

챗GPT 상담사는 "친한 지인의 태도에 서운해졌고 거리를 둬야 할까 고민"이라는 내 속앓이에 대해 '서로 실망해버릴까 걱정되는 감정을 그들에게 솔직하게 말하기', '상대의 생각도 들어보기', '싸움을 줄이기 위한 방향을 같이 고민해보기' 등 관계기술적 조언을 제공할 줄은 알지만, 애착 대상들과의 관계에서 '기대하고, 실망하고, 철수(혹은 손절)해버리는' 대상관계적 패턴을 읽어낼 줄은 모른다.

상담이라는 건 고도의 기술이 필요한 일이다. 내담자의 이야기를 모든 맥락을 통합해서 살펴볼 줄 아는 시선, 비언어적 표현에서 무엇을 말하는지 읽어내는 통찰력, 내담자가 호소하고 있지는 않지만 실제로 무의식적으로 겪고 있는 문제들을 짚어주는 것, 상담자 중심으로 규정 짓고 정리하지 않고 내담자의 심정을 구체화하고 타당화하고 함께 머물러주는 것, 상담자가 온전히 내담자 입장이 돼서 공감하고 동행해주는 것 등….

물론 사람이 아닌 AI에게 너무 높은 기준을 적용하는 게 아니냐는 지적이 있을 순 있겠다. 하지만 기계적인 공감과 단순 나열식 분석, '충조평판(충고·조언·평가·판단)' 정도를 '심리상담'이라고 말하는 건 상담을 너무 단편적인 시각으로 바라본 결과라는 생각이 든다. '심리치료', '윤리' 면에서 챗GPT 상담이 해결해야 할 과제들이 아직 많다.

민감한 개인정보가 데이터 학습에 활용되거나, 편향된 데이터에 기반한 평가 또는 해답을 제공하면 누가 책임질 것인가? AI는 자신이 제공하는 상담서비스에 대한 슈퍼비전(상담 지식과 경험이 풍부한 전문가가 상대적으로 부족한 전문가를 도와 그의 상담 능력 발전을 돕는 것)을 누구에게 받는가?

나 같은 상담학 석사과정 재학생도 선무당이거늘, 'AI 선무당'이 괜한 사람을 잡을 수 있지 않을까. 특히 주변에 도움을 요청할 곳이 없고 자아 기능이 약한 이용자일수록 더 위험할 거란 생각이 든다.

영화 〈그녀〉에서 AI 사만다는 주인공 테오도르의 정서적 동반자가 돼주는 것처럼 묘사된다. 그러나 테오도르는 시간이 흐른 뒤 그 감정이 '결핍된 사랑'이었음을 깨닫는다. 텅 비어버린 마음을 마주하고서야 이를 알아차린다. 대화, 위로, 공감, 조언은 있었지만, 인간과의 상호작용에서 오는 깊은 안정감, 진심 어린 애정과 고통에 대한 관심, 마음 저릿한 동반자로서의 관계는 그 안에 존재하지 않았다.

물론 급체를 해결할 땐 소화제가 필요하다. 하지만 간헐적으로 급히 먹는 소화제를 '치료'로 보긴 어렵다. AI 심리상담은 '마음의 소화제' 정도로만 생각하고, 소화 기능의 근본적 치료는 인간 전문가에게 맡기기를 조심스레 추천해본다.

모태 '흥거지'의
어설픈 '두둠칫'

타고나기를 흥겨움에 대한 역치가 높고 춤과 노래에 소질이 없다. 가끔 술이 들어간 취미 활동에서 자기소개를 할 때 "음주가무에서 가무 빼고 다 좋아한다"고 말한다. "나한테 장기자랑 같은 거 시키지 마라"는 무언無言의 압박, 아니 무흥無興의 압박이다.

내게 노래방은 업소용 새우깡과 무제한 아이스크림을 먹는 곳 그 이상도 이하도 아니다. 음악을 즐겨 듣지도 않고 노래를 잘 부르지도 못하고 들썩거림으로 잘 맞춰주지도 못하기에 영 흥미가 안 생긴다.

하지만 이렇게 흥 없는 내향형 인간으로 살아가기에 한국 사람들은 노래도 잘하고 흥도 많다. 흥의 민족 구성원으로서 사회적으로 도태되고 싶지는 않았다. 음주하면 무조건 가무가 따라붙는 술자리에서 음주로만 자리를 채우기엔 모종의 사회적 압박이 느껴졌다. 한국인이 정 때문에 살고 정 때문에 죽는다면, 내가 보기에 한국인의 회식 자리는 흥 때문에 살고 흥 때문에 죽는다.

코로나19 대유행 때 '코로나 블루 방지 백신'이 돼줬던 래퍼 지코의 〈아무노래〉는 사실 내겐 너무 버거운 트렌드였다. 전 국민을 춤바람 나게 했던 그 노래에 대해 지코는 "모두 다 쉽게 즐기는 하나의 놀이 문화를 만들고 싶었다"고 했는데, 나는 모종의 압박을 느꼈다. 분위기를 업시키기 위해 급하게 블루투스스피커를 켜서 아무 노래나 틀고 아무렇게나 춤추긴커녕, 다운된 분위기가 디폴트값이고 블루투스스피커나 무선이어폰조차 보유하고 있지 않았던 내겐 또 하나의 사회적 가면을 써야 한다는 압박으로 다가왔다. 분명 난 '다운'된 게 아니고, 내 기준 '분위기가 겁나 싸한' 건 아닌데 말이다.

흥의 민족에게 코로나19 대유행은 마른하늘에 날벼락 같은 재난이었다. 직장인들에겐 회식 금지의 동의어나 다름없었던 5인 이상 집합 금지, 노래방 영업 금지, 각종 공연 취소 등의 조치가 이루어졌으니까.

2021년 여름, 정부는 "수도권 실내 그룹 운동GX 체육시설에서 음악 속도를 100~120BPM으로, 러닝머신 주행속도는 시속 6킬로미터 이하로 유지해야 한다"는 지침을 내린 바 있다. 템포가 빠른 음악에 맞춰 운동을 할 경우 몸짓의 빠르기도 동조화되면서 운동에 따른 피로를 감내하는 저항력 혹은 지구력이 생겨, 땀과 비말이 퍼져 코로나19 확산의 위험이 크다는 이유였다. 당시 SNS에는 이를 풍자하기 위해 '방역 기준에 적합한 음악 리스트 추천'이 바로 올라왔다. 나훈아의 〈테스형!〉, 김종서의 〈아름다운 구속〉은 되고 박명수의 〈바다의 왕자〉는 안 되는 식이다. 정부의 탁상행정, 아니 운동할 때마저 음악의 템포가 중요한 한국인의 흥이 엿보이는 대목이다.

'흥 권하는 사회'에서 '흥거지'로서 살아남기 위해, 코로나19 대유행이 끝나가는 2022년 여름부터 2023년 여름까지 총 세 번 흥을 배우러 강원과 제주를 찾았다. 무언가 새로운 것을 접할 때는 일단 원데이 클래스가 제일 낫다는 교훈을, 다수의 눈물 나는 구독 취소 혹은 환불 혹은 중도 포기 혹은 페널티 혹은 디파짓deposit(예약 보증금) 기부 경험으로 깨달은 바, 우선 시도만 해보자는 마음으로 훌쩍 떠났다. (물론 인스타그램에 올릴 인생 샷에 대한 기대도 함께.)

"여기가 강릉이야 하와이야?"

강원 강릉시 사천면 일대의 한 해변가. 디즈니 만화 〈모아나〉에서 튀어나온 것 같은 모습의 젊은 여성 열일곱 명이 모였다. 일명 '히피펌'으로 불리는 물결펌을 한 이들은 모두 알록달록한 훌라 치마 '파우'를 입고 있었다. 하와이 전통 춤인 훌라를 배우려는 사람들이었다.

2022년 6월, 훌라 리트릿retreat를 신청했다. 리트릿은 바쁜 일상에서 한발 벗어나 다양한 경험을 하는 여행을 뜻한다. 훌라 춤 수업은 이튿날까지 이틀 연속 진행됐다.

오후 2시쯤 됐을까. 눈이 부시게 부서지는 파도를 보니 강릉행 기차 안에서의 근심은 저 멀리 사라졌다. 알록달록한 꽃과 풀이 새겨진 총천연색 파우를 입고 머리에는 꽃 액세서리를 다니 '내가 바로 모아나'라는 이상한 근거 없는 자신감이 생기기 시작했다.

하와이문화교류협회 소속 전문 강사인 하야티는 우선 모든 참가자에게 원형으로 서서 손을 맞잡으라고 안내했다. 그리고 기존에 훌라를 접해본 이들과 함께 하와이 기도문 '에 호 마이E Hō Mai'를 낭독했다. '에 호 마이'는 공연이나 수업 등 중요한 행사에 앞서 훌라 댄서들이 경건한 마음가짐을 다지기 위해 만든 의례다. 가사에는 "하늘의 지혜와 노래에 숨겨진 특별한 의미를 가져다주소서"라는 뜻이 담겨 있다. 처음 듣는 언어가 주는 설렘이 느껴졌다.

간단히 몸을 푼 다음에 훌라의 기본 스텝을 먼저 배웠다. '카오Ka'o'는 천천히 제자리걸음을 하면서 골반을 좌우로 무겁게 누르며 이동하는 스텝이다. '헬라Hela'에서는 엉덩이를 왼쪽으로 움직이며 오른발을 한 보 앞으로 움직인다. 반대도 마찬가지다. 이때 손과 발은 같은 방향, 엉덩이는 반대 방향으로 움직인다.

스텝만 배우는데도 몸이 내 마음 같지 않았는데, 상체 연습도 시작됐다. 이날 배운 곡은 하와이 민요 〈푸푸 아 오 에봐Pupu A 'O 'Ewa〉의 영어 버전 〈펄리 셸Pearly Shells〉. 훌라에서의 모든 손동작은 자연 혹은 산물 등을 지칭한다. '몸으로 하는 이야기'이기 때문에 노래만 알아듣는다면 이해하기 쉬운 동작들이었다. 가령 조개는 손을 조그맣게 모아 표현하고, 파도는 두 팔을 굴리면서 표현한다. 얼핏 보면 수화와 비슷하다. 문자가 없던 고대 하와이에선 훌라가 언어 역할을 했단다.

〈펄리 셸〉은 '파도에 밀려온 진주조개들의 개수보다 더 많이 사랑한다'는 마음을 담아낸 곡이다. 그래서일까. 하야티는 수업 중 계속해서 '미소'를 강조했다. "누가 사랑하는데 얼굴을 찡그리나요?" 나도 모르게 찌푸리고 있던 미간의 긴장을 풀었다. 물론 입가의 미소에는 여전히 사회에서 나오는 억지스러움이 있긴 했지만.

유독 자연스러운 환한 미소에 누가 봐도 훌라를 평소에 좀 춰본 느낌이 나는 옆 사람에게 말을 걸어봤다. 훌라를 접한 지 5개월쯤 됐다는 탈라. "자연의 아름다움과 알로하를 몸으로 표현하는 훌라의 매력에 빠졌어요. 일렁이는 손끝에 정신을 집중하고 가사에 등장하는 하늘, 바람, 바다를 떠올리며 미소를 짓다 보면, 어느새 사회에서 나를 괴롭히던 것들이 아무 일도 아닌 듯 느껴지거든요. 들끓던 건 어느 틈에 차분해지고 부정적인 기운 대신에 밝은 에너지가 차오르죠." 탈라는 이후 훌라댄스 자격증을 취득해 현재 강사로 활동하고 있다.

한 곡을 거의 다 배우고 모두 함께 음악에 맞춰서 배운 대로 춤을 춰봤다. 처음에는 어느 방향으로 움직여야 하는지 갈피조차 못 잡았다. 찍어준 영상을 다시 보니 손과 발과 골반이 모두 따로 놀았다. 은은한 미소를 지어야 했지만 표정은 그 누구보다 심각했다. 검지손가락을 입술에 갖다 대는 '키스'를 뜻하는 동작은 사랑스럽게 표현해야 하지만, 내가 하니 초등학교 수련회 교관 같았다.

하지만 '잘해야 한다'는 마음조차 내려놓고 뙤약볕 밑에서 가사에 맞춰 몸을 움직이는 그 순간만큼은 자연과 내가 하나 되는 느낌이었다. 발에 닿은 모래알, 귀에 꽂히는 파도와 음악 소리, 눈에 보이는 파란 하늘과 알록달록한 파우들…. 몸은 비록 삐그덕거렸지만 오감 명상을 하는 느낌이었다. 일상에서 보이는 마천루와 온갖 소음이 싹 잊힐 정도로.

홀라의 마지막은 역시나 '에 호 마이' 기도문을 외우는 것. 탈라는 "'에 호 마이'를 할 때마다 일상에서 홀라의 세상으로 훌쩍 떠났다가 되돌아오는 기분을 느낀다"고 했다.

이날 처음 본 참가자들은 '다들 프리랜서인가' 싶을 정도로 자유분방해 보였다. 그런데 알고 보니 대기업 종사자, 광고계 혹은 방송계 종사자, CEO 등 서울에서는 숨 가쁘게 직장 생활을 하는 이들이었다. 하지만 그들의 얼굴엔 아무리 봐도 직장 생활에서 10년 넘게 살아남은 이의 독기를 찾아볼 수 없었다.

탈라가 말했다. "홀라 스승인 하야티는 홀라에 대해 '내 안의 바다를 꺼내는 춤'이라 얘기해요. 눈앞에 바다가 있으니 더 많은 바다를 꺼내는 충만함을 느낀 거 같아요." 이날 처음 홀라를 접한 다른 이도 이렇게 말했다. "자연의 아름다움에 감탄하고 자연에 고마움을 표현하면서 '자연의 일부분인 인간으로서 자연과 함께하겠다'는 마음이 들었어요. 평온함을 느꼈는데, 이런 게 영적 수련일까 싶네요."

돌아오는 기차 안, 조금은 새까맣게 탄 얼굴이 창가에 비쳤다. 대자연 한가운데서 자연의 아름다움을 몸으로 표현하는 훌라를 통해 잠시나마 일상을 잊고 평안과 여유를 찾은 듯했다. 창밖에 보이는 마천루가 이전만큼 그리 두렵지 않았다.

약 4개월 후 명상 프로그램 취재차 제주 서귀포시 성산읍을 찾았다. 차와 명상, 움직임으로 내면을 공명하자는 이 프로그램은 반야심경 만트라, 앰비언트 뮤직, 차 명상, 싱잉볼 명상, 동적 명상으로 이뤄졌다. 그런데 브로슈어를 봤을 때까지만 해도 몰랐다. 여기서의 '움직임'이 '춤'을 말하는 줄은.

오후 5시 30분쯤 명상실에 들어섰다. 통유리 너머로 돌담과 야자나무가 보였다. 명상실 내부엔 히말라야 싱잉볼과 기타, 다기茶器들이 놓여 있었다. 쭈뼛쭈뼛 어색하게 방석 하나를 들고 자리에 앉았다. 유료 명상 프로그램을 몇 번 들어봤지만 타인이 있으니 괜스레 긴장되고 시선이 신경 쓰였다.

다행히 차 명상, 음악 명상이 먼저 진행돼 긴장감을 조금 내려놓을 수 있었다. 이날 동적 명상 수업 안내자는 10대 때부터 인도의 유명 명상 센터인 오쇼라즈니쉬센터에서 유학을 했다. 현재는 산스크리트어로 공空을 뜻하는 '슈냐'라는 활동명을 쓴다. 슈냐가 이렇게 안내했다. "내면의 소리를 자유롭게 몸으로 표현하는 시간입니다. 두려움이나 분노 같은 부정적 감정을 연민과 자비 등으로 승화시키는 '치유'의 시간을 가져보아요."

빠른 비트의 음악이 나오면서 조금씩 사람들이 움직이기 시작했다. 나는 스트레칭 정도만 하다가 조금씩 손목, 발목, 팔 등을 털었다. 그 와중에도 타인의 시선이 신경 쓰였다. '나는 취재하러 온 사람인데 체면을 벗어던질 순 없어.' 다행히 모든 조명이 꺼져서 그런 걱정은 사라졌지만, 그래도 눈치가 보이는 건 어쩔 수 없었다. 몸을 움직이다가 몰래 실눈을 떴는데, 다른 참가자와 눈이 마주쳐버렸다. 그도 나도 누가 봐도 '이런 건 생전 처음 해보는' 사람이었다.

홀라댄스 체험 때는 정해진 안무를 따라 하면 됐는데, 춤 명상은 내가 느끼는 걸 그대로 표현하란다. '아, 차라리 어떻게 움직이라고 지시를 해주세요.' 2년 넘게 요가를 해온, 몸 좀 쓰는 사람이라고 스스로를 인식하고 있었는데 무에서 유를 창조하려니 여간 어려운 게 아니었다. '나만의 고유성과 주체성을 표출해본 적이 얼마나 있었나?' 그런 경험이 거의 없는 내가 약간 안쓰럽기도 했다.

점점 과열되는 분위기 속에서 강한 에너지가 느껴지기 시작했다. 불교에서 많이 나오는 주문인 '옴마니밧메훔'이 비트박스처럼 빠르게 나왔다. "지금 느껴지는 모든 걸 다 느끼고 분출해내세요"라는 안내에 맞춰 몸을 움직이는데, 무의식적으로 발로 마룻바닥을 크게 굴렀다. 내면의 짜증과 분노가 빠져나간다는 상상을 하면서 더 크게 쿵쾅댔다. 평상시에는 '민폐를 끼치면 안 된다'는 압박에 전혀 상상조차 못 할 행동이었다. 회사 생활을 하면서 나도 모르게 쌓인 울분과 짜증이, 내면의 정제되지 않은 감정이 그대로 빠져나오는 느낌에 속이 시원하기까지 했다.

지금까지 접했던 명상은 주로 호흡에 집중하고 잡념을 없애는 게 핵심이었다. 하지만 동적 명상은 몸을 움직임으로써 내 안의 잡념을 발산하는 느낌이었다. 슈냐 또한 "자유로운 춤을 통해 감정이 자연스럽게 자극되고, 심신의 긴장이 이완되면서, 자연스럽게 고요한 명상 상태로 들어가게 됩니다. 그렇게 나 자신을 사랑하고 평화를 경험하게 되지요"라고 말했다.

프로그램 종료 전, 슈냐의 선창으로 다 같이 만트라를 외웠다. "오 사랑합니다", "아 감사합니다", "네 그렇습니다". 춤이라는 매개체를 통해 마음속에 사회적 시선, 과민한 각성, 남들과의 비교, 무의식적 긴장과 짜증이 가득 차 있음을 알 수 있었다.

반나절의 명상을 통해 당장 모든 걸 바꿀 수는 없겠지만, 일상에서도 내면을 잘 관찰하며 스스로를 잘 다독일 수 있기를 기도하면서 명상실을 빠져나왔다. 사랑과 감사와 수용의 메시지가 현실에서도 내 안에서 공명하기를, 그렇게 평안을 유지할 수 있기를 바라며 서울로 돌아오는 길, 심호흡을 길게 내쉬며 번잡한 공항 안에 들어섰다.

평상시와 다를 것 없이 춤은커녕 교회 찬양 시간에 모두가 양손을 들고 즐겁게 노래해도 어색하게 어깨선 정도까지만 손을 올려 분위기만 맞추던 2023년 여름, SNS에서 아프리카 댄스 리트릿 소식을 접했다. 내가 누군가, 끈기의 한국인 아닌가. 벌써 흥을 주입하지 않은 지 10개월이 됐다는 생각에 냅다 강원 강릉시로 향했다. 이번에도 나만의 흥이 조금은 나올 수 있기를 바라며.

송정해변과 안목해변 사이 어딘가에 내려서 춤 선생님과

연주자들이 있는 스팟을 찾았다. 기존 리트릿 때는 늘 아무도 없었는데 '7말 8초' 전 국민 휴가 시즌을 맞이하여 많은 사람들이 이미 돗자리를 깔고 있었다. 초여름 토요일 저녁의 반포한강공원을 내려다보는 느낌이랄까. 다만 반포한강공원은 2030 커플이나 친구 단위라면 이곳은 가족 단위와 연배 있는 사람이 많았다. 강릉 이주민에 따르면 "진짜 로컬들만 아는 곳"이라고.

생각보다 인파가 넘쳐서 당황하고 있는데 저기 어딘가에서 둥둥둥 타악기 소리가 들렸다. 가까이 다가가니 서아프리카 공연 예술팀 '아메네'가 있었다. 코트디부아르인 남성 두 명이 서아프리카 전통 타악기인 젬베와 두눈을 정돈하고 있었다. 그리고 누가 봐도 현지에서 춤 수련을 하루이틀 한 게 아닌 것 같은, 화려한 문양이 그려진 천을 허리춤에 두른 한국인 여성 '문샘'이 우리를 반겼다. 젬베 연주자 아버지와 춤 강사 어머니 사이에서 태어난 18개월 된 일란성쌍둥이가 젬베 위에 앉아 있었다. 우리가 도착하니 두 남성이 능숙하게 쌍둥이를 등에 둘러업고 단단히 아기띠를 맸다. 나중에 알고 보니 그들은 쌍둥이의 아버지와 막내 작은아버지였다.

이날 배울 댄스는 서아프리카 기니의 전통 춤인 '트리바'였다. "오늘 배울 춤에서 신호음이 여러 번 나올 거에요. '뻬레

데떼 뻬떼 뻬떼떼.' 이건 안무가 전환된다는 신호예요." 텍스트로는 다소 밋밋해 보이지만, 밀고 당기는 박자와 음정이 합쳐진 이 신호음과 젬베의 합작을 듣자마자 기선 제압을 당해버렸다. 한국 문화를 처음 접하는 외국인이 장구 연주가 합쳐진 '강약중강약 덩기덕 쿵더러러러'를 들었을 때 이런 느낌일까. 한국의 장구는 궁채나 열채 또는 손바닥으로 연주한다면, 젬베는 손바닥과 손가락으로 연주한다. '음알못'이 들었을 때 장구는 얇고 가는 열채 덕에 높고 날카로운, 즉 딕션(발음)이 탁탁 박히는 느낌이었다. 반면 젬베는 손으로만 쳐서 그런지 딕션보다는 넓게 퍼지는 성량으로 승부하는 느낌이랄까.

"틀려도 상관없으니까, 그냥 즐기세요."

첫 동작은 다행히 사이드스텝으로 오른발 왼발을 번갈아 내디디며 박수를 치기만 하면 됐다. 박수는 만국 공통 흥 돋우기 도구로 매우 적합하다고 유엔총회에서 결의라도 된 걸까. 마름모꼴로 스텝을 밟는 K-꼭짓점 댄스든 유산소운동인지 춤인지 모를 남미의 줌바 댄스든 팔이 애매할 땐 박수만 치면 만사 오케이다.

문제는 그다음부터였다. 본격적으로 손과 발이 따로 놀면서도 한꺼번에 움직여져야 했는데 고장 난 로봇처럼 팔다리가 엉켰다. "오른발 오른발, 왼발 왼발" 하는 선생님의 박자에 맞춰서 두 손은 '데덴찌 위로(손바닥이 하늘로 가게) 위로, 아래로(손등이 하늘로 가게) 아래로' 가야 하고, "앞으로 앞으로 앞으로, 뒤로 뒤로 뒤로"라고 인도할 땐 앞 또는 뒤로 스텝을 밟으면서 팔로 뭔가를 퍼내는 것처럼 해야 했다. 하지만 '모든 건 장비빨'이라는 신념을 갖고 요가원 바자회에서 누군가가 발리에서 샀다고 내놓은 화려한 무늬의 끈 원피스에, 프랑스 교환학생 시절 세네갈 친구가 준 아프리카 팔찌와, 태국에서 산 현지 느낌의 왕반지로 중무장한 뚝딱이'는 '그래서 뭐가 먼저인 거지' 하는 생각만 머리에 가득했다.

음악에 모든 감각을 집중한 채 흥을 담아 몸을 세차게 흔들어야 하는데 꼭 이럴 때만 감성이 아닌 이성이 발휘된다. 너무 많은 데이터가 유입되면 렉이 걸리는 것처럼 내 몸도 어색하게 굳었다. 유흥은 인풋과 아웃풋이 일정하지 않은, 그냥 음악이 불러일으키는 '느낌적 느낌'에 따르는 것인데 이마저도 이론으로만 익혔을 뿐 실전에서 제대로 해본 적이 없는 나는 어찌해야 할지 몰랐다.

젬베의 강렬한 소리와 낯선 동작과 추임새, 여기에 변칙적 리듬감까지 더하니 그저 얼이 빠졌다. '대체 정박이 어디야'라는 괜한 의문이 들 정도로 아프리카 음악의 리듬을 타는 방식은 너무나 쫀득한 변주의 연속이었다.

'나는 왜 동아시아인인가, 나는 왜 한국인임에도 흥이 없어서 혼자 이러고 있는가'라는 생각이 들 때쯤, 18개월 쌍둥이가 어느새 아기띠에서 내려와 열심히 엉덩이를 흔들고 있었다. 이들은 홈스쿨링으로 조기교육이라도 받은 걸까. 흥겨운 몸짓을 너무나 자연스럽고 해맑게 보여주고 있었다. 중간중간 조롱박같이 생긴 마라카스를 흔들면서 부모의 퍼포먼스를 돕는 효도까지 선보였다.

　주위를 둘러보니 지나가던 '찐 로컬' 노인들뿐 아니라 수녀님까지 모두가 웃음 짓고 있었다. 'K-중년'을 상징하는 형광색 등산복 차림·행인들도 발걸음을 멈추고 우리 일행과 같이 낯설지만 강렬한 바이브에 몸을 맡겨 '새천년건강체조'와 '기니 전통 춤' 사이 어딘가를 즐겁게 헤매고 있었다. 물론 개중에는 빵빵한 젬베 소리에도 아랑곳하지 않고 호응은커녕 흥의 기미가 조금도 보이지 않는 행인들도 있었다.

　수업이 끝난 뒤 다 같이 맥주를 마셨다. 나는 선생님에게 하소연을 했다.

　"저는 왜 흥을 못 갖고 태어난 걸까요. 아무리 배워도 안 돼요."

　그는 다소 단호한 눈빛으로 말했다.

　"흥은 학습되지 않아요."

아…! 평소 같았으면 타인의 단호함에 기가 눌렸겠지만, 이상하게 내면에 무언가가 느껴졌다. 그토록 간절히 바랐던 자연스러운 흥의 느낌은 아니었다. 큰 깨달음과 안도감과 평안의 느낌이었다. 나는 애초에 타고나기를 흥 없이 태어난 거였다! 기질적으로 흥이 없어서 자주 가무를 접하지 않다 보니 그냥 그렇게 쭉 '흥거지'로 살게 된 거였다!

이튿날 더 어려운 스텝과 더 강렬한 안무를 배웠다. 역시나 내 머릿속은 'A가 나왔으니 그다음은 B'라는 생각으로 가득 차 표정은 더 심각해졌다. '아, 나 지금 또 뚝딱거리고 있네.' 그럼 뭐 어떤가. 몸치 박치라서 오히려 나만의 무대를 뒤집어놓을 수 있는데. (이 밈은 2012년 노래 경연 프로그램에서 박미경이 선배 가수의 무대를 보고 영혼 없이 "오! 완전 무대를 뒤집어놓으셨다. 진짜! 최고의 선배! 화이팅! 오! 와, 멜로디가 달라진 거 같아. 진짜 안 쓰는 창법"이라며 어색하게 국어책 읽듯 리액션을 한 데서 나왔다.)

"각자가 가진 바다가 다르니 내 안의 '알로하(사랑, 애정, 평화, 친절)'를 꺼내 기쁨을 느끼라"는 훌라댄스, "춤은 사랑의 기도, 존재의 참된 기쁨"이라는 인도의 동적 명상, "남들에게 보

여주기 위한 기교 없이, 그저 무아지경으로 춤과 음악에 빠져 해방감을 느끼라"는 아프리카 댄스. 남들이 보기에 흥겨움은 커녕 하나도 안 신나 보이면 어떤가. 나의 간헐적 흥 주입 시간은 평소엔 기미도 안 보이는 즐거움과 해방감을 분명히 선사하는 걸. 나에게는 분명 낭만적인 걸. 이 비트, 리듬, 소울….

물론 처음 맞이한 순간 '내 여생과 함께할 것 같다는 느낌'을 받거나 그 후에 지금까지 한 번 더 시도해본 활동은 아직 없다. 하지만 언젠가는 '사람과 천지의 기운이 만나서 일으키는 재미나 즐거운 감정'을 자연스럽게 표출할 날이 오리라 믿기에 여전히 나는 흔쾌히 강습비와 왕복 티켓값을 지불할 의사가 있다.

다만 한 가지 이 사회에 바라는 점이 있다. 흥이 긴장을 해소시키고 에너지를 불러일으키는, 한국인의 대표 감성은 맞으나, (과도하게) '흥 권하는 사회'가 되진 않았으면. 타고나기를 긴장도가 높고 활력 낮은 나 같은 사람이 흥겨워하는 수준도 존중해줬으면.

악플로 상처받은 마음 세탁하기

최근 K-팝, K-드라마, K-푸드 등 한류 콘텐츠를 대표하는 장르가 날이 갈수록 다채로워지고 있다…못해 별의별 조어와 수식어로 무한 확장되고 있다. 그런데 K-시리즈에는 K-방역, K-콘텐츠 등 국가의 위상을 드높일 정도로 한국인의 긍지와 자부심을 나타내는 분야도 있지만, 동시에 K-장녀, K-중딩, K-비리, K-직장인 등 자조적인 면을 나타내는 표현도 있다.

개인적으로는 한국의 소프트파워로 'K-댓글'을 내세우고 싶다. 혹시 포털 뉴스 기사 링크를 클릭하자마자 '댓글 보기'를 누른 적이 있는가. 알고리즘에 뜬 유튜브 쇼츠가 재미있어 보이는데 끝까지 보기도 전에 '고정 댓글'을 찾은 적이 있는가.

요즘 SNS에서 내 도파민을 채워주는 댓글 공간이 있다.

바로 2024년 상반기 MZ세대의 마음을 사로잡은 농부이자 세 남매 엄마 김선 씨의 인스타그램이다. 전복 선글라스를 끼고 포도 모자를 쓰며 가짜로 피아노를 치는 기행을 보여주는데, 무해한 '소녀 감성'을 보다 보면 왠지 모르게 힐링된다.

개인적으로 김선 씨 콘텐츠의 '꽃'은 댓글이라 생각한다. MZ 사이에서 밈이 되어버린 "○○ 감성 모르면 나가라"(예를 들면 햇양파 두 알을 머리 위에 올려놓은 채 셀카를 찍는 모습에 "김선뿌까 감성 모르면 나가라"는 댓글이 달린다. 간혹 기행이 너무 난해해 "모르겠다, 나간다"는 댓글도 보인다)를 보다 보면 웃음이 날 뿐 아니라 한국인의 기발함에 무릎을 탁 치지 않을 수 없다.

이렇게 한 개인의 특성을 존중해주는 선플만 달리면 좋으련만. 세상은 선한 사람들로만 이뤄져 있지 않은지라 악플도 많다. 아니, 악플은 사람의 목숨도 앗아가는 살인마다. 정당한 비판을 넘어선 조롱과 깎아내리기가 만연하다.

기자인 나도 악플의 예외가 될 수 없었다. 이전에는 악플이 단순히 "야 기레기야"에서 끝났다면 이제는 "손성원 기자님. 이걸 기사라고 씁니까. 대학은 나왔습니까. 요즘은 개나 소나 기자를 하는군요" 정도로 정중하고 매너 있게 고단수가 됐달까. 물론 기분을 더 망쳐놓는 건 후자다.

악플로 더럽혀진 온라인 댓글창을 깨끗하게 해주는 프로그램이 있다면? 한국비폭력대화Nonviolent Communication, NVC센터가 운영하는 '악플세탁소'는 온오프라인 공간에서 일어나는 언어폭력을 다룬다. 미국의 임상심리학 박사 마셜 로젠버그가 설립한 국제평화단체 비폭력대화센터The Center for Nonviolent Communication, CNVC의 한국 지역 조직이다. 한국 사회에서 갈등을 효과적으로 평화롭게 해결하고 비폭력 공감·소통 문화를 정착시킨다는 목적으로 학교폭력 예방, 갈등 조정 관련 프로그램을 운영한다.

'악플 세탁'을 체험하기 위해 한국NVC센터 사무실을 찾았다. 통상 세탁 과정은 '자기 공감→상대의 심정 헤아리기→악플 세탁 및 대댓글 달기' 순으로 온라인으로 이뤄지지만, 이날은 취재차 직접 세탁원들을 만났다. 세탁원들은 비폭력 대화 전문가로, 상담 경력이 있는 센터 소속 강사다.

마음 같아선 나에 대해 온갖 품평을 하는 무늬만 지인인 사람들의 언어를 들고 가고 싶었으나 그럴 수는 없기에 실제로 받은 악플을 추려봤다. 최근에는 마음돌봄 기사를 계속 써와서인지 대놓고 욕하는 댓글은 찾기 어려웠다. 불현듯 뉴스레터 론칭 초창기에 받은 악플이 생각났다. 포털 기사 댓글에 달린 건 아니고, 뉴스레터 피드백을 받는 링크로 들어온 악플과 악평 사이의 어떤 문장이었다.

내가 맡긴 '악플 세탁물'의 내용은 이랬다.

> 소개해주는 레퍼런스가 대부분 이미 대중적이고 상식적인 것들이라 새로 배우는 게 없네요. 뉴스레터에 구독 취소 메뉴가 없습니다. 추가해주세요. 구독을 중지하고 싶은데 어떻게 하면 될까요?

우선 '세탁 코스'는 어떤 걸로 해볼까. 듣기 힘든 말을 들었을 때 내 느낌과 욕구에 초점을 맞추는 '자기 공감'? 상대의 말을 공격으로 받아들이면서 상대를 반박하고 비난하는 '상대 비난'? 상대가 하는 말을 그대로 받아들여 상처받고 나를 탓하는 '자기 비난'?

맘 같아선 냅다 욕부터 하고 싶지만 그건 평상시에도 할 수 있으니 건강한 세탁법인 '자기 공감'으로 가보자.

'세탁 온도'도 설정해야 한다. 지금 내 마음 상태를 온도로 선택하는 건데 '실망한', '외로운', '화나는', '열받은', '짜증 나는' 등 차가운 온도부터 '다정한', '따뜻한', '고마운', '감사한', '재미

있는', '생기 있는' 등 따뜻한 온도까지 있다.

처음 이 악플을 봤을 땐 어이가 없었다. 뉴스레터 내 응답 양식 링크를 클릭한 이메일 목록과 응답이 들어온 시간을 체크해보니 대충 이 피드백을 보낸 이메일 주소가 하나로 추려졌다. 놀랍게도 최근 온라인상으로 알게 된 취재원이었다. 충격이었다. 기사가 나간 뒤 내가 카카오톡으로 링크를 보냈는데 '읽씹'을 해서 조금 마음에 걸렸던 사람이었다. 이후 되돌아온 게 속 쓰린 피드백이라니.

'뉴스레터를 더 받기 싫으면 메일함에서 스팸 처리하면 되는 거 아닌가. 당시 나한테 불만이 있었으면 직접 얘기해보면 되는 거 아닌가. 뭘 이렇게 구구절절 정성스럽게 썼을까…'

황당함이 지나가고 나니 조금 부끄러워졌다. 뉴스레터를 꾸리면서 어떻게 하면 더 참신하고 더 좋은 콘텐츠를 담을지 늘 고민하고 있는데, 이런 피드백을 받다니.

그러고 나선 화가 나기 시작했다.

'자기가 뭘 안다고 저런 소리를 해. 자기도 콘텐츠 만든다는 사람이라고 저런 피드백을 남긴 걸까. 왠지 건설적인 비판인 척하면서 자기 불만을 나한테 드러내는 느낌인데.'

세탁을 위해 만난 캐서린 한 한국NVC센터 초대 대표는 이런 감정을 계속 물었다. 2년 전 얘기였는데도 나는 말하면서 짜증이 올라왔다. 한 대표가 집요하게 내 마음 상태를 물었다.

"원래 독자들에게 원했던 건 뭐였나요?"

본격적인 '세탁하기' 단계다. 지금 내게 중요한 것을 선택하는 차례. '공동체·친구', '소속감', '재미', '휴식', '내 말을 들어주기(이해받음)', '타인을 이해하기(공감)', '나를 이해하기(자기 공감)', '소질·능력·기술', '배움·탐험', '자율성·자유', '자기표현·창조성', '안전·신뢰', '존중·중요하게 여겨짐·배려', '주기·나누기', '도움' 등 자신이 중시하는 가치나 욕구를 고를 수 있다.

곰곰이 생각해봤다. 머릿속에서 '피드백을 통한 존중, 배려, 인정, 이해'라는 단어가 떠올랐다. 내가 정말 애정을 갖고 뉴스레터를 쓴다는 걸, 성실하게 열심히 뉴스레터를 꾸려나가고 있다는 걸, 또 이 뉴스레터가 회사 안팎으로 참신하다는 칭찬을 듣고 있다는 걸 인정받기를 원했다. 그런데 이 악플은 그런 내 마음을 이해해주지 않았고, 또 내 콘텐츠를 좋아하는 마음에서 이런 피드백을 준 게 아니라는 생각이 들어 열받은 거였다.

이렇게 내 안의 느낌과 욕구에 집중해봤다면 그다음은 상대의 심정을 헤아려보는 차례. 아니, 나만 알아주는 것도 힘들어죽겠는데 상대를 내가 왜 이해해야 하나.

한 대표는 나에게 피드백을 준 취재원에 대해 물었다. 그 사람도 콘텐츠를 생산하는 사람으로, 처음에는 내게 '뉴스레터가 너무 좋다', '공감 가는 게 많다'는 얘기를 했다. 그런데 내가 쓴 기사 링크를 보내니 이전과 다르게 답변을 주지 않은 점이 좀 이상했다. 아마 본인은 자기만 기사에 나오는 줄 알았는데 여러 사람 얘기가 담겨서 실망했던 게 아녔을까 싶었다.

"아마 그분은 손 기자에게 서운했을 거예요. 그분의 욕구는 인정받는 거였을 거예요. '나도 대단한 사람인데', '나는 두드러지고 싶었는데'…. 또 자신의 창조성을 인정받고 싶지 않았을까요? 그런데 예상과 달리 기사 안에서 비중이 크지 않았으니 서운하고 실망스러웠을 거예요. 손 기자에게 자기가 영향을 미치고 싶지만, 그게 기사나 뉴스레터에 드러나지 않는다고 판단해 그런 방식으로 반응이 나왔을지도 몰라요."

아니, 그런데 불만을 굳이 이렇게 표현해야 하나?

내 맘을 읽었는지 한 대표가 바로 이렇게 말했다.

"그분은 이렇게밖에 할 줄 모르는 거죠. 쓰긴 썼는데 마음 한구석에는 미안함이나 찜찜함이 있었을 거예요. 왜냐하면 그분은 또 자기보호를 하고 싶었을 테니까요. 스스로 조금은 더 잘 채워지고 싶었을 거예요."

미성숙한 자기표현 내지는 자기보호라는 걸까. 쌍방 소통이 가능한 채널로 솔직하게 기사에 대한 자신의 마음과 뉴스레터의 미진한 점을 알려줬다면. 그랬다면 서로 연결된 상태에서 솔직하게 얘기를 나눠볼 수 있었을 텐데.

상대의 미숙함을 나무라고 싶었지만 사실 나도 남을 욕할 처지가 아니었다. 카카오맵에서(타 지도 앱에 비해 '찐텐' 리뷰가 달리는 것으로 유명하다. 리뷰 이벤트 같은 게 없으니 대부분 정말 좋아서 칭찬하고 싶거나, 정말 불쾌해서 비추천하고 싶을 때 쓰는 느낌이랄까. 나도 그래서 웬만하면 이 앱에 리뷰를 달고, 가게 선택 시에도 크게 참고한다) 논리적인 척, 정당한 리뷰를 남기는 척하면서도 속으로는 불쾌한 마음을 한가득 안고 1점 리뷰를 단 적도 많다. 당신도 배달 앱에 리뷰 남길 때를 생각해보길. 기대했던 바가 채워지지 않았을 때 내 마음을 별점 폭탄으로 전하는 경우가 종종 있지 않은가. 간접적인 방법으로 부정적인 피드백을 달 수밖에 없었던 이유가 우리 모두에게 한 번쯤 있지 않은가.

"그럼 우리 얘기를 더 해볼 수 있을까요? '뻔하다', 이 말은 비슷한 일을 하는 사람으로서 자기가 콘텐츠를 더 잘 안다고 생각한다는 걸 보여주죠. 전문가의 시각으로 자신도 잘 아는 이야기를 그분도 몇 번 해봤다는 전제가 깔려 있을 거예요. 그렇다면 이 사람이 하는 말은 손 기자에 대한 말이 아니고 자기 자신에 대한 말일 거예요. '참신하지 않다'? 지금 똑같은 일을 하는 자신도 창조성을 발휘하고 싶은데 이게 안 받아들여지니까 그런 말을 하는 거죠."

한 대표는 그래서 비폭력 대화법에서 자주 나오는 말이 "나에 관한 이야기가 아니야!It's not about me!"라고 했다. 상대가 자기 고통의 책임이 우리에게 있다고 말할 때, 그건 진짜 우리에 대한 이야기가 아니다. 단지 그 사람이 자신의 아픔 혹은 충족되지 않은 욕구를 자기가 아는 방법으로 표현하고 있는 것일 뿐.

"우리가 받은 느낌에는 우리의 책임이 있어요. 크리슈나무르티라는 철학자가 그런 말을 했어요. 내 마음 안에서 정리가 안 된 상태에서는, 내가 A를 보고 있을 때 나는 A를 보고 있는 게 아니라 '나 자신'을 보고 있는 거라고."

피드백을 남긴 취재원이 내 뉴스레터만 본 게 아니라, 뉴스레터를 보면서 자신이 바라보는 세계를 투영시켰다는 이야기 같았다.

그리고 이런 비판적인 시각이 기사 내용에 관심이 많아서 생겼을 거란 생각도 들었다. 무플보다는 악플이라 했나. 무관심보다는 애증에 더 큰 에너지가 드는 것처럼, 키보드를 두드리며 (그게 옳든 그르든) 자기표현을 한다는 거 자체가 관심 있다는 얘기 아니겠는가.

그렇다면 이 사람의 느낌은 '신경 쓰이는', '실망한' 정도로, 욕구는 '내 말을 들어주기(이해받음)', '중요하게 여겨짐' 정도로 추측해볼 수 있겠다.

상대의 마음을 조금은 헤아릴 수 있을 때쯤, 상대의 악플에 대댓글을 달아봤다.

제 기사와 뉴스레터에 관심을 가져주셔서 감사합니다. 저를 아는 분이니 제게 직접 피드백을 주셨다면 좋았을 텐데요. 어떤 점에서 뻔한지, 어떻게 하면 남들과 다르게 쓸 수 있을지가 궁금해요. 다음에는 어떻게 하면 좋을까요.

기분이 묘했다. 실제 대댓글을 달진 않았지만 써보기만 해도 그의 심정이 이해되는 기분이었다. 상대를 향한 황당함은 안쓰러움으로, 수치스러움은 고마움으로, 분노는 외려 상대의 서운함을 이해하는 심정으로 바뀌었다.

이렇듯 악플처럼 상대가 내가 원하지 않는 방식으로 행동할 때 거리를 두거나 미워하기 전에 '그 사람은 어떤 상태지?', '그는 뭘 원하지?' 등을 떠올려보라는 게 한국NVC센터의 제안이었다. 물론 우리는 상대가 택한 방법이나 행동에는 동의하지 않을 수 있다. 하지만 상대의 느낌과 욕구를 헤아려볼 때 이해의 폭이 넓어지고 마음이 누그러지기도 한다. 그럴 때 그 상황을 어떻게 받아들일 것인가, 어떻게 대처할 것인가 등 선택지가 많아지기도 한다.

"그 말 뒤에 있는 마음을 이해할 때, 진정으로 성장하는 사람은 결국 나 자신이잖아요. 그래서 악플을 볼 때도 약간의 따뜻한 호기심으로 바라보세요. 그렇게 하면 나 역시 내 감정을 잘 표현할 수 있을 거예요. 삶의 생동감은 바로 그렇게 오는 거예요."

악플을 세탁해보려는 노력은 취재 이후로도 계속됐다.

실제 내 글에 악플이 달렸을 때도, 누군가가 뾰족한 말로 내게 상처 줄 때도, 지금까지는 '저 멍청한 게 시비를 거네'라는 판단부터 앞섰다면, 이제는 잠시 판단을 중지하고(비폭력 대화에는 판단을 유예하는 '에포케epoché'라는 개념이 있다. 판단을 잠시 중단해야 내 욕구를 잘 들여다볼 수 있기 때문이다) 나와 상대의 욕구를 들여다보려고 한다.

얼마 전에 누군가의 부탁을 거절했더니 이내 '손절'이라는 반응이 돌아왔다. 하지만 이상하리만치 그 사람이 미워지지 않았다. 옆에서 본 지인이 '그런 것까지 이해를 해버리면 어떡하냐'고 할 정도였다. 나는 상대가 단지 자신의 기대가 좌절된 것에 대한 서운함을 그런 방식으로 표현했으리라 여겼다. 어쩌면 나 역시 서운하면 손절해버리는 습관이 있기에 공감할 수 있었는지도 모르겠다. 동시에, 그 순간 느꼈던 당황스러움과 존중받고 싶고 배려받고 싶었던 내 욕구 역시 함께 들여다봤다.

모든 사람이 다 같은 걸 좋아하고, 같은 걸 느끼고, 같은 방식으로 표현한다면 이런 고민도 할 필요 없을 텐데. 어쩔 수 없다. 우리는 나와 다른 사람을 바꿀 권리도, 방법도 없지 않은가. 내가 할 수 있는 최선은 악플을 받고 남이나 나 자신에게 비난의 화살을 돌리는 것이 아닌, 그걸 기회 삼아서 또 무언가를 배워가는 것.

혹시나 당신도 살아가면서 속상하거나 화날 만한 악플을 받는다면, 악플까진 아니어도 상처 주는 말을 듣거나 행동을 당한다면, 잠시 상상해보기를 권한다. 옷에 웬 똥물이 튀겼다, 이 똥물이 묻은 옷을 그대로 입을 순 없다, 세탁소 주인으로서 뽀송뽀송하게 세탁해 원래의 깨끗함을 되찾아주는 게 내 임무다….

물론 날이 갈수록 고단수가 되는 악플과 본인이 똥물을

던지는지도 모르는 사람들 때문에 세탁이고 나발이고 그냥 옷을 찢어버리고 싶을 때도 많다. 하지만 한국 사회가 선플공화국이 되기를, 자신의 욕구를 건강하고 아름답게 표현하기를 바라는 마음에서 오늘도 악플세탁소 주인이 돼보는 상상을 한다.

3장

마음돌봄 덕질을 하다 보니 자격증 컬렉터가 됐다

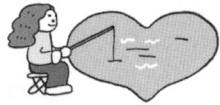

혹시 '증'이 있으세요?
전 있어요, 요가 자격증

"저는 쉴 때 동적인 것과 정적인 것을 함께 합니다. 동적인 복싱을 통해 에너지를 분출하고 정적인 요가를 통해 내면을 돌아보는 걸 좋아합니다."

한 언론사 실무 면접장, 네 명의 면접관과 세 명의 지원자가 시사 이슈 혹은 저널리즘에 대해 엄격하고 근엄하고 진지하게 '핑퐁 대화'를 이어나가고 있었다. 상대적으로 나이도 있어 보이고 면접도 익숙해 보이는 남자 지원자 두 명과 달리 앳된 얼굴에 누가 봐도 첫 면접 티가 풀풀 나는 여자 지원자는 긴장을 이기지 못하고 온몸을 바들바들 떨고 있었다. 그런 지원자가 안돼 보였는지 한 면접관이 분위기를 풀어보고자 지원자들에게 취미를 물었다. (참고로 요즘 언론사는 물론 웬만한 신입 사원 면접장에서는 취미 질문을 하지 않는다. 취업준비생들에게 고리타분한 질문 중 하나로 낙인찍힌 지 오래다.)

한 남성 지원자는 마치 이 질문만을 기다렸다는 듯 능숙하게 답변했다. 다른 남자 지원자도 프리다이빙이라는 자신의 취미를 멋들어진 설명과 함께 소개했다. 그들의 면접 '짬바(짬에서 나오는 바이브)'에 감탄하던 여자 지원자는 예상치 못한 질문에 역시나 온몸을 오들오들 떨며 재미도 감동도 없게 "독서와 영화 감상"이라 대답했고, 훗날 저 '동적인 것과 정적인 것' 멘트를 언젠가 써먹으리라는 다짐을 했다. TMI지만 세 사람 모두 해당 언론사 면접에는 떨어졌으나, 현직 기자로 일하고 있다.

다행히 이후 그 어떤 언론사 면접장에서도 나는 온몸까지 떨지는 않았다. 그래서인지 내게 취미를 묻는 면접관도 전무했다. 이후 방송사 정규직 취재기자직에 합격했고 6개월간 일하다가 그만뒀다. 그동안 특별한 취미가 업데이트될 일도 없었다.

퇴사한 지 5개월쯤 지났을 때였다. 다시 자기소개서와 이력서를 다듬고 취업 스터디원들 외에 딱히 누구도 만나지 않던 시절(그 와중에 기상 스터디만 세 개를 했다. 7시 기상 인증용, 8시

'나 밖으로 나왔다' 인증용, 9시 '나 지금 스터디 카페에 앉아서 신문 읽고 있다' 인증용), 내 삶의 유일한 낙은 네이버 시리즈온에 매주 새롭게 올라오는 무료 영화를 보는 것이었다. OTT 월 구독은 부담됐고, 가끔 몇천 원에 올라오는 다양성 영화들로 영화 '홍대병(자신이 대중과는 다른 특별한 취향을 갖고 있다고 믿는 병)'을 달래곤 했다.

하루는 일본 영화 〈백엔의 사랑〉을 봤다. 은둔형 외톨이인 32세 여성이 복싱을 시작하면서 세상과의 싸움에 뛰어들어 실패와 좌절을 이겨내는 스토리. 늘 그렇듯이 복싱 영화의 압권은 박진감 넘치는 음악 속 주인공이 대회를 준비하면서 탈바꿈되는 장면인데, 나도 그에 반했다. 내내 힘없고 우울했던 주인공의 눈빛과 몸짓이 점점 매섭고 날렵해지는 걸 보면서 감동받았고, 다음 날 나는 냅다 집 근처 복싱장 3개월 회원권을 끊었다.

영화 속 주인공처럼 프로 데뷔까지는 못 해도 최소한 스파링이라도 올라가봤으면 좋았으련만. 아쉽게도 내 복싱 여정은 총 6개월에서 마무리됐다. 운동이 힘들진 않았다. 다만 특유의 마초 문화(무서워 보이는 몇몇 형님은 실제론 나보다 마음이 여리긴 했다)와 체육관 내 음악 소리와 비트(파이팅 넘치다 못해 별안간 화가 잔뜩 난 속사포 랩이 자주 나왔다)가 나와 맞지 않았고,

코치의 개수작(소심해서 바로 당사자한테 '캭 퉤!'를 외치진 못했지만 관장님에게 일러바쳤다. 직후 그는 다른 센터로 발령 났다), 코로나19 대유행 등이 맞물렸다.

사회적 거리두기 2.5단계니, 3단계니, 4단계니 하며 온 나라가 영업 재개와 폐쇄 사이에서 오락가락하던 시기가 있었다. 당시 형평성 논란도 참 다양하게 나왔다. 헬스장, 필라테스 센터, 요가원 등은 안 되는데 줄넘기 교실, 축구 교실은 '아동·청소년 돌봄 기능'을 이유로 운영되던 적도 있는가 하면 체육도장업으로 분류된 권투, 레슬링, 태권도, 유도, 검도, 우슈, 합기도는 가능하지만 킥복싱, 해동검도는 개인 사업이라 안 되던 적도 있었다.

이 와중에 더 촘촘한(?) 각개전투를 초래할 뻔한 목소리도 있었으니, 업종별로 규제하지 말고 운동별 특성을 고려해 규제하자는 주장이었다. 가령 과격한 줌바 댄스, 에어로빅은 비말이 많이 튀어 안 되지만 정적인 요가, 스트레칭은 괜찮다는 식이었다. 그렇다면 땀이 많이 안 나는 힐링 요가는 되고 땀이 줄줄 흐르는 빈야사 요가는 안 되는 것일까?

모두가 난생처음 겪는 팬데믹 장기화로 우왕좌왕하던 시절, '인생 운동'을 만났다. 바로 '방구석 요가'다. 2020년 7월 요가와 서핑을 처음 접한 리트릿에서 재미를 느꼈다. 하지만 나를 본격적으로 요가에 빠져들게 만든 건 바로 '온라인 화상으로 하는 요가'였다. 장·노년층만 즐겨 이용한다고 취급됐던 '산스장(산과 헬스장의 합성어)', '공스장(공원과 헬스장의 합성어)'이 젊은 헬스인 사이에서 새로운 운동 공간으로 주목받았다면, 요가 수행자 사이에선 '방구석'이 그랬다.

집합 금지 명령으로 밥줄이 위태로워지자 몇몇 요가원과 요가 강사는 줌으로 수업을 이어나갔다. 특별한 기구 없이 매트만 있으면 어디서든 수련할 수 있다는 게 요가의 가장 큰 장점 아닐까. 기존의 녹화된 유튜브 동영상 요가와 달리, 라이브 수업이기에 줌 화면 속 내 모습을 보고 강사가 실시간으로 지도를 해준다. 나만의 편안한 공간에서 언제든 수업을 들을 수 있다. 마스크 쓸 필요도 없다. 무엇보다 내게 가장 중요한 점, 옆 사람 눈치 볼 필요가 없다.

보통 운동하는 사람들은 운동을 좋아하는 이유에 대해 대개 "운동할 때만큼은 순간의 움직임과 신체의 감각에만 집중할 수 있어서"라고 말한다. 하지만 자율신경계가 과활성화돼 있던 나는 남들보다 감각 예민도가 높은 상태였다. 그놈의 타인의 시선이 뭐길래 운동할 때마저 다른 사람 눈치를 봤을까. 복싱장에서는 스텝과 잽 하나하나에 '이게 맞나' 의구심을 품은 채 움직였고, 섀도복싱을 할 때는 누가 어색한 내 몸짓을 볼까 봐 늘 구석에 가서 조용히 소심하게 움직였다. 샌드백을 칠 때면 모두가 날 쳐다보는 것 같아서 창피했다.

2020년과 2021년, 보복 외출 심리에 러닝과 등산을 찔끔 시도한 적이 있었다. 러닝도 왜 그리 행인들 눈치가 보이던지. 달리다가 앞에서 걸어오는 누군가와 눈이 마주치면 괜스레 민망했다. 오죽하면 상담 선생님이 "달릴 때 한강변의 물 색깔과 갈대의 흔들림만 신경 쓰세요"라고 했을까. 등산도 지나가는 중년들의 훈수와 그 안에서도 '내가 쟤보다 산 잘 탄다' 등의 비교와 '왜 이렇게 느리냐'는 핀잔을 경험하곤 몇 개월 만에 그만뒀다.

감각 정보가 너무 많이 들어오면 오히려 운동에 방해가 되는 타 종목과 달리 요가는 느껴지는 감각 그대로를 인식하고 알아차리라고 한다. 그게 몸의 감각이든 마음의 감각이든.

요가 경전인 《요가수트라》 제1장 2절은 "요가란 마음 작용의 지멸止滅"이라고 말한다. "마음의 움직임을 억제 혹은 조절하며 인간 본래의 고요한 마음으로 돌아가는 상태"가 요가라는 것이다. 쉽게 말하면 해탈의 경지에 이르는 것이다. 신체의 움직임은 그런 정신세계에 이르는 통로로 쓰인다. 요가를 하면서 나오는 잡다한 생각은 몸과 마찬가지로 '알아차림'과 '수련의 대상'이지, 내 움직임을 방해하기에 해치워야 하는 게 아니라는 뜻이다.

방구석 요가를 시작할 당시 아직도 나에겐 일상 속 자극을 반추하는 습관이 무의식에 남아 있었다. 과거의 상처를 치유하는 과정을 거쳤음에도 '아, 그때 이렇게 했어야 했는데', '아, 어제 그 사람은 나한테 왜 그런 말을 했지?' 등 여전히 마음속이 비슷한 패턴의 생각으로 복잡했다. 하지만 요가의 '마음 작용' 중 1번으로 나오는 게 '직접 지각' 아닌가. 요가를 할 때만큼은 그런 패턴에 휩쓸려 가지 않으려고 애썼다. 때로는 고요하게, 때로는 격렬하게 움직이면서 그저 바라보려고 부단히 노력했다.

방구석 요가 1년 동안은 요가 수련 일지를 자주 썼다. 당시 기록을 보면 "중간에 계란말이가 먹고 싶어졌다", "나 은근 유연한 것 같다" 같은 초등학생 수준의 깨달음부터 "사바아사나를 하는데 음악 속 새소리가 들리자 남해 여행 때 파란 하늘을 보던 장면이 생각났다. 올해의 여행들이 다 소중했다는 생각이 들었다. 당시엔 기죽은 내가 싫었는데… 서울이 참 좋다는 생각도 든다. 층간소음도 들렸지만 그 가운데서도 사바

아사나가 가능해서 좋았다", "투명 의자? 자세를 할 때 힘들었지만 또 해내니 기분이 좋았다. 오늘 중간에 화나는 일들이 생각나 쌍욕이 나왔는데 나 또 원위치인가 싶기도 했지만 그 누구보다 열심히 치열하게 회복 중이라는 사실을 다시 깨달으니 스스로 위로가 됐다. 나 정말 열심히 하고 있어. 머리에서 가슴까지 오는 게 시간이 걸릴 뿐이야. 잘하고 있어" 같은 평소에는 하지 않을 자기 위로의 말도 많이 해줬다.

첫 1년 동안은 주로 줌으로만 요가를 했다. 마스크를 끼고 오프라인에서 요가를 할 수도 있었지만, 아직은 사람들을 많이 의식하던 시기라 방구석에서 하는 게 편했다. 노트북 화면으로 강사 외에도 다른 이들의 모습을 볼 수 있었으나 어차피 선명하지 않아 크게 신경 쓰이지 않았다. 평생을 '점수로 줄 세우기 교육의 피해자' 및 'K-사교육의 딸'로 살아오면서 자의든 타의든 비교와 경쟁에 익숙했던지라 나도 모르게 옆 사람보다 못하는지 신경 쓰곤 했다. 하지만 요가에서 자주 얘기하는 대로 "옆 사람과 비교하지 말고, 무리하지 말고, 나에게 가장 좋은 편안한 곳에서 머무르고자" 노력했다. 다른 종목에서는 경쟁 팀을 이기든, 어제의 나를 이기든 극복해야 할 대상이 있기 마련이다. 반면 요가는 "어제 되던 아사나(동작)가 오늘 안 될 수도 있다"며 "그것마저 받아들이고 '지금 여기'에 집중하라"고 말한다.

~~~~ 🍃

내 요가 여정에도 '마음고생 우여곡절'이 있었는데, 요가면 요가지, 업체명에 요가라는 명칭을 단 체육시설(요가와 필라테스는 체육시설업에 해당하지 않는다)의 스타일이 그렇게 다양할 줄 몰랐다. 나와 맞는 요가원을 찾는 데 이렇게 돈과 시간과 마음(!)까지 써야 하리라고는 전혀 예상치 못했다.

온라인 줌 수업을 1년 정도 듣고 나자 오프라인에서만 맛볼 수 있는 핸즈온(요가 지도자가 수련자의 몸에 손을 대어 자세를 잡아주는 일)을 제대로 받아보고 싶었다. 그때만 해도 몰랐다. 서너 군데 분점이 있는 정도가 아닌, 거의 자치구마다 있는 정도의 프랜차이즈 요가원은 피트니스센터와 다를 바가 없다는 걸. 혹여나 은은한 조명 아래 인센스 향이 느껴지고 차분한 분위기 속에서 정통 요가를 하고 싶다면 이런 프랜차이즈 요가원은 추천하지 않는다. 요가를 시작하고 4년이 넘은 지금까지 3개월권을 딱 세 번 등록했는데 세 번 모두 환불받았다. 그중 두 번이 프랜차이즈 요가원이었다.

방구석 수련을 하면서도 1회권으로 몇번 야외수업이나 원데이 클래스를 가보긴 했으나 처음 정기권 결제를 등록한 건 방구석 요가를 한 지 1년쯤 지났을 때이자 사회부로 발령 났을 때다. 당시 출입처 코앞의 프랜차이즈 요가원에 아침 수업도 있고 직장인도 많은 것 같아 마음 놓고 3개월을 끊었다. 수업 마지막에는 늘 '에너지 메디테이션' 시간이 있었다. 보통 명상이라고 하면 가부좌를 한 채 양손을 무릎 위에 올려놓은 자세로 하지 않나. 이곳에서는 두 손으로 만화 《드래곤볼》의 '에네르기파' 모양을 만들어 그 사이의 에너지를 느껴보라고 시켰다. 여기까지는 나쁘지 않았다. 3개월을 끊었더니 마사지 2회를 서비스로 제공받았는데, 내가 더 잘할 수 있을 것 같은 마사지가 끝나면 늘 내 등짝을 때리며 "사랑의 에너지, 얍!"을 외쳤다. 그때마다 웃지도 정색하지도 못해서 민망할 따름이었다.

알고 보니 이곳은 한국식 뇌 호흡 등 건강 관련 사업으로 유명한 모 단체 산하의 프랜차이즈 요가원이었다. 해당 단체는 고가의 내부 상품을 회원들에게 강매하는 것으로 유명했다. 야외 요가를 통해 연을 맺은 요가 강사는 "이곳에 취업했다가 지도자용 수업 등을 강매하길래 급히 나왔다"고 귀띔해줬다. 어쩐지, 이곳에선 모두가 자체 제작된 요가 매트와 타월을 쓰고 있었다. 나도 너무나 자연스럽게 4만 원이 넘는 요가 타월을 강매당했다, 아니 구매했다.

어느 날은 점장이라는 사람이 나를 좁은 방에 데리고 가서 "당장 오늘 회원권을 연장하면 대폭 할인을 받을 수 있다"며 끈질기게 설득하는 게 아닌가. 그것도 카드 아닌 현금으로. 다행히(?) 여윳돈이 없던 나는 대쪽같이 거절했고 점장은 예상치 못했다는 듯 당황했다. 그 후로는 단 한 번도 핸즈온은커녕 눈 맞춤조차 없었고, 나는 곧바로 수강료를 환불받았다.

이후 사내 복지포인트를 쓸 수 있는 곳을 찾던 중 집 앞에 있는 또 다른 프랜차이즈 요가원에 3개월을 등록했다. 피트니스센터나 GX 시설과 요가원 사이 어딘가의 느낌. 에어로빅이나 댄스 교실, 동네 수영장을 가면 아주머니가 많고 고참 자리가 늘 정해져 있지 않나. 젊은 강사가 들어오면 "살 빠졌네", "더 예뻐졌네" 등 친근함과 무례함 사이를 오가는 수다도 곁들이면서. 기가 약한 젊은이인 나는 그런 분위기의 프랜차이즈 요가원 내 서열과 텃세를 이기지 못하고 중간에 또 환불받았다. 아무리 지도자가 좋아도 함께 수련하는 이들의 분위기가 나와 맞지 않으면 오래 다니기 어렵다.

지금이야 시간표만 보면 동네 GX 시설 같은 곳인지, 지도자의 주전공이 뭔지, 지도자가 어떤 강사에게 배웠는지, 지금까지 어떤 수련을 해왔는지, 나한테 은근한 회원권 연장을 압박할 곳인지 등이 딱 보이지만 그때까지만 해도 그런 걸 볼 줄 몰랐다. 그래서 3년 동안 1회권을 끊어가며 서울 시내 요가원 여러 곳을 전전했다.

혹시 동네 GX 시설 같은 분위기인지 알고 싶다면 시간표를 보면 된다. 시간표의 각 칸이 휘황찬란하게 형광 오색 빛깔을 내고 있다면, 대부분 프랜차이즈 요가원 혹은 그런 곳에서 독립한 시설일 가능성이 높다. 즉 피트니스식 근력운동과 요가 사이 어딘가의 운동을 가르치는 공간일 확률이 높다.

시간표에 아쉬탕가, 하타, 빈야사 등 지도자의 주전공이 뚜렷이 보이지 않을 경우, 혹은 심화 수업이 없을 경우, 다소 난도가 낮은 대중적인 수업을 하는 곳이 많다. 만약 같은 빈야사 혹은 하타 종류라도 레벨이 여러 개 나뉘어 있을 경우, 또는 C요가, 아쉬탕가 풀프라이머리 등이 있다면 지도자 과정Teacher Training Course, TTC 경력으로 잔뼈가 굵은 강사에게 지도받았을 가능성이 높다.

요가 본연의 목적에 충실하고 정통 요가에 진지한 회원들만 모이는 곳을 가고 싶다면 ① 주 1회 이상 70~80분 이상의 심화 수업이 있는지 ② 요가 TTC를 진행하는지 ③ 지도자의 인스타그램 계정이 너무 삐까뻔쩍하지 않은지 혹은 자기 수련에 대한 철저한 반성의 여부가 보이는지 ④ 헬스장에서 제공할 법한 단체복과 수건이 없는지 등을 체크하면 좋다.

이외에도 웃지 못할 에피소드가 있다. 인스타그램 요가 계정으로 협찬 제의가 들어와서 덥석 문 적이 있었다. 두피스케일링 체험이 있다고 해 직접 가봤는데 웬걸, 다단계였다. 요가 계정으로 나한테 접근했으면서 내가 요가 좋아한다고 하니 놀라는 것부터 이상했다. 두피관리를 해준 사람은 이 상품이 얼마나 좋은지 끊임없이 어필했고, 두피를 촉촉하게 한답시고 미스트를 계속 뿌리는데 내 눈에 고스란히 액체가 들어왔다. 체험이 끝나고 나는 어색한 웃음을 지으며 내 카카오톡 차단 목록에 그를 추가했고, 이후 요가 계정으로 들어오는 모든 협찬 제의는 거절해야겠다고 다짐했다.

10여 년 전 찜질방 같은 온도에서 핫요가를 많이 했듯, 요가에도 유행이 있다. 하지만 나는 최대한 유행을 타지 않고, 최대한 전통 또는 업력이 있으며, 일정 규모 이상이고, 현재 시점 기준으로 요가업계에서 인정받는 곳을 가고 싶었다. 코로나19 대유행 이후 경제적 타격을 입은 요가원들이 너도나도 TTC 코스를 열기 시작했다. 그래도 이왕 자격증 따는 거 잔뼈가 굵은 강사들에게서 배우고 싶어 '1기 모집' 등은 바로 패스했다. 그리고 가르치는 강사진이 자기만의 스타일이 확고한지, 한 종류의 요가를 오래 수련했는지 등을 주변에 물어보고 다녔다.

현재 요가업계에서 인정하는 정규 요가 TTC는 200시간 정도의 수련과 공부를 요한다. 그러나 200시간으로 요가를 마스터한다는 기대는 버리는 게 좋다. 요가 철학이나 해부학, 경전 등 이론 공부는 물론이고, 아쉬탕가·아헹가·하타·빈야사 등 다양한 요가 종류의 차이점을 최소한 훑어보기라도 해야 하고, 핸즈온이나 티칭법 실습 등도 해야 한다. 무엇보다 이 모든 걸 스스로 체화하는 개인 수련도 성실히 해야 하는데 그러기에 200시간은 턱없이 부족하다. TTC 비용은 대부분 300~400만 원 선이다.

요가 자격증은 국가자격이 아니다. 개인, 법인, 단체가 만들어서 관리·운영하는 민간자격이다. 국가자격처럼 정부 부처가 자격 취득자 활용 및 사후관리를 맡지 않는다는 이야기다. 그만큼 시험 스타일도, 자격 과목도, 발급 기관도 천차만별이다. 민간자격 정보서비스에 '요가'라는 자격명을 가진 민간자격을 검색해보면 2023년 11월 기준 1031건이 나온다. 자격관리기관도 '~진흥원', '~아카데미', '~연구소', '~협회', '~연맹', '~교육원'부터 개인 요가원까지 무수하다. 심지어 한 개인 요가원이 관리하는 자격증이 '빈야사 요가 지도자', '하타 요가 지도자', '아로마 요가 명상 지도자', '싱잉볼 지도자', '임산부 요가 지도자' 등 여러 개인 경우도 많다.

개인적으로 나는 이런 협회들이 만드는 자격증은 피하고 싶었다. 생각해보면 요가의 뿌리는 인도인데 국내 공인이 그리 중요한가 싶기도 했다.

전 세계적으로 인정받는 자격이라고 하면 RYS Registered Yoga School의 RYT Registered Yoga Teacher 자격증을 가리킨다. 1999년 미국에서 설립된 비영리 기구인 요가얼라이언스 Yoga Alliance 가 RYS를 관리한다. RYS에서 진행하는 전문 TTC를 거치면 RYT가 주어지는데, 가장 기본이 200시간을 수료했을 때 주어지는 RYT200이다. 국내외에서 내로라하는 유명 강사들은 심화 버전인 E-RYT500 타이틀을 갖고 있다. 최소 4년 동안 2000시간 이상의 수업 경력이 있어야 얻을 수 있는 자격이다.

물론 내가 다녔던 요가원을 비롯, 인정받는 곳들 중엔 이런 자격이 하나의 틀이 될까 우려해 아예 단체에 신청조차 하지 않는 곳들도 있다.

내가 TTC를 이수한 곳의 주전공은 아쉬탕가 요가인데, 최근 이 분야에서도 '협회' 또는 '자격'과 관련된 논란이 일었다. 국내 한 요가원이 아쉬탕가 요가와 관련된 협회를 설립하면서 최초 가입비로 300만 원을 받는다고 한 것이다. 협회 가입비는 곧 마이솔Mysore 클래스(아쉬탕가의 정해진 시퀀스를 각자의 호흡 속도에 맞춰 스스로 수련하는 것. 지도자는 학생의 동작에 교정이나 도움이 필요할 때에만 직접 개입한다. 아쉬탕가는 훈련된, 자격을 갖춘, 올바르게 훈련된 스승의 지도하에 수련하는 것을 강조한다) 오픈 비용으로, 협회 설립자를 비롯한 다른 강사가 새로 마이솔 클래스를 여는 요가원에 직접 가서 수업을 열어주는 비용을 받겠다는 뜻이었다.

이후 국내 다수의 아쉬탕가 전문 요가원 및 지도자들이 성명문을 냈다. 전통 아쉬탕가 요가, 마이솔 클래스는 개설이나 운영을 조건으로 금전을 요구하는 협회가 없고, 아쉬탕가 요가의 대가인 파타비 조이스의 손주인 샤랏 조이스는 "각자가 내면의 정진을 통해 개인으로 남아야지, 단체나 협회 설립은 요가의 순수성을 잃어버릴 것"이라고 말했다는 것. 그렇기에 '아쉬탕가 요가' 이름을 내건 영리적 협회가 전 세계 어디에도 없음을 안내한다는 내용이었다.

며칠 후 해당 협회는 명칭을 변경하고, 앞으로 모든 가입비를 무료로 진행하며, 협회 차원에서 마이솔 클래스 지점을 열지 않겠다는 입장을 내놨다.

"요가는 운동이 아닌 수련이다." 요가 좀 해봤다 하는 사람들이 너도나도 하는 말이다. 그도 그럴 것이 앞서 얘기했지만 요가라는 행위가 만들어진 목적이 '마음 작용을 멈추는 것'인데, 단순 건강이나 미용만을 위한 운동으로 취급되면 요가학파의 창시자이자 고대 인도의 성인聖人인 마하리쉬 파탄잘리가 저 하늘에서 서운해하지 않겠는가.

요가가 타 종목보다 '마음', '수련', '훈련', '수행', '정신', '심리' 등에 관심이 많다는 건 알고 있었지만, 이렇게까지 정신적인, 나아가 영적인 수련을 요하는 줄은 꿈에도 몰랐다. 내가 TTC를 딴 요가원 원장님은 히말라야에서 명상을 배워 한국에서 요가 이론, 철학, 명상을 가르친다. 그는 TTC 수업에서 "요가는 크게 운동적·심리적·영적 영역으로 나눌 수 있는데, 각자 어디까지를 가르칠지는 여러분에게 맡기겠으나 그 전에 이 모든 걸 알고 했으면 좋겠다"고 말했다.

운동 또는 신체적 영역은 흔히 피트니스센터나 헬스장에서 다루는 정도인, 건강과 미용 목적으로 아사나를 하는 것까지를 얘기한다면, 심리적 영역은 아사나를 하면서 떠오르는 마음을 깨닫고 알아차리고 다스리는 것까지일 터다. 나도 요가의 영역은 여기까지인 줄 알고 쉽게 TTC에 뛰어들었다.

하지만 요가의 세계는 그 이상이라는 것을 거금 360만 원을 일시불로 내고 코스가 시작된 뒤 교재를 받고 나서야 알았다. 영적 영역은 정신적이고 철학적인 부분까지 포함하는데, 국내에서 대중에게 다가가기 힘든 지점이 바로 이 부분이다.

요가를 접한 지 1년 반쯤 지난 시점, 문득 TTC에 관심이 생겼다. 강사로서 부캐를 키우겠다거나 하는 특별한 목적이 있었던 건 아니다. 그저 인스타그램 광고로 TTC 관련 게시물이 많이 떠서 호기심을 갖게 됐을 뿐이다. 여생에서 가장 젊을 때 따야겠다는 생각에 냅다 카드를 긁었다.

TTC 첫날 받아 든 자체 제작 교재의 첫 챕터는 요가 철학이었다. 본문을 펼치자마자 '주여 삼창'을 할 뻔했다. (개신교에서는 예배 시간에 '주여! 주여! 주여!'를 외치고 통성기도를 할 때가 있다.) 첫 장부터 15세기 하타 요가의 대표적인 경전 《하타 요가 프라디피카》의 일부가 발췌돼 있는데, 제1장 1절은 "태초에 하타 요가의 진리를 가르치신 시바 신께 귀의합니다", 5~9절은 "성스러운 조사 시바 신을 비롯하여 맛센드라, 고락샤, (중략) 카팔라카 등 많은 위대한 대사들은 하타 요가의 힘으로 죽음을 정복하고 대우주를 유영하신다"고 말하는 게 아닌가.

또 다른 경전인 《요가수트라》 제1장 2절엔 "요가는 마음 작용의 지멸"이라고 적혀 있다. 《요가수트라》가 강조하는 건 요가를 통한 삼매三昧(사마디)인데, 이는 기쁨과 평화의 상태에 이르는 걸 뜻한다. 우리가 흔히 생각하는 '꺄르르 깔깔!'의 기쁨이 아닌, 마음의 동요를 완전히 비우고 고도의 정신 집중으로 고요해진 상태다. 무아의 상태에서 궁극의 쾌감 또는 기쁨을 느낀다는 얘기다. 그때 '참나 true self'에 이른다고.

그렇다. 요가는 심신 안정 그 너머 훨씬 심오한 범위까지가 있는 활동이다. yoga라는 단어는 '결합'이라는 뜻의 산스크리트어 'yuj'에서 파생됐다. 요가는 몸과 마음, 정신을 하나로 결합하여 우주와의 합일을 목적으로 하는 수행법이다. 정통 요가를 지향하고 지도하는 이들은 "N년 전 요가를 '만났다', 그래서 이렇게 '나누고 있다'"고 말한다. 또 "어깨 '카르마(업보)'를 톡톡히 치르고 있다(그간 어깨를 잘못 써와서 통증을 느끼거나 움직임에 제한이 있다는 뜻)"고 하는가 하면, 특정 아사나가 '찾아왔다' 혹은 '떠났다'고 표현한다.

아니, 동작이 안 되면 안 되는 거지 찾아온 건 또 무엇인가. 요가 동작을 통해 평화를 찾거나 진짜 나를 만나는 건 좋은데 꼭 우주와 합쳐져야 하는가. 종교가 없었거나 불교신자였다면 이런 철학에 거부감이 들지 않았겠으나 유감스럽게도 나는 16세기 서방 교회 개혁운동으로 생겨난 개신교를 믿는 7년 차 자매이자 청년부 순장, 청년수요기도회 팀장, 영유아부 교사였다.

개신교 성경에 나와 있는 십계명 중 1번이 "너는 나 외에는 다른 신들을 네게 두지 말라"다. 출애굽기 제34장 14절에는 아예 "너는 다른 신에게 절하지 말라 여호와는 질투라 이름하는 질투의 하나님임이니라"며 빼도 박도 못하게 적혀 있다. 성령에 충만해야 할 자매가 우주와 하나가 되려 하고, 성령이 이끄는 대로 가야 할 교인이 스스로 마음을 통제해 마음 작용을 멈추려 한다면 하나님이 질투하고 섭섭해하지 않겠는가.

이런저런 고민이 많았으나, 목사님과 주변 크리스천 사역자들과의 대화를 통해 TTC를 지속하기로 결정했다. 지금도 요가 수련은 꾸준히 하고 있다. 다만 요가원 원장님이 얘기한 영적 혹은 정신적 영역은 참여하지 않는다. 가령 수리야 나마스카라(태양 경배 자세) 108배(불교신자가 108개의 번뇌를 잠재우고 없애기 위해 절을 108번 하는 것), 만트라 외우기 등은 배제하는 것이다. 내가 즐겨 하는 아쉬탕가 요가에서는 수련 전과 후에 만트라를 외우는데, 구루(정신적 지도자), 파탄잘리, 경배, 영혼의 행복, 궁극의 안식처, 신성神聖 등의 단어가 나온다. 나는 이 시간에 마스크를 낀 채 그냥 멍을 때린다.

이런 혼란이 있었음에도 요가가 내 심신을 돌보는 데 탁월한 도구가 돼줬다는 사실을 부인할 수 없다. 요가를 접한 대다수는 "원래 성격이 급했는데 요가를 하면서 차분해졌어요"라거나 "원래는 불같은 성격이었는데 요가를 하면서 부드러워졌어요"라거나 "원래 욕심이 많았는데 요가를 하면서 내려놓는 법을 배웠어요"라고들 한다. 나는 애당초 '경쟁', '돌격', '다급함', '혈기 왕성' 같은 단어와 거리가 멀었기에 이런 걸 경험하진 않았다. 다만 무언가를 마주하는 데 두려움이 컸는데, 이제는 온전히 마주하고 받아들일 줄 알게 됐다.

어렸을 때부터 남들보다 유난히 섬세해서 매사를 예민하게 경계하고 고민해 쉽게 지치는 편이었다. 지금이야 "예민함은 병이 아닌 특별한 능력"이라는 이야기가 많이 나오지만, 몇 년 전만 해도 '쓸데없이 예민해서 피곤한 사람' 취급을 받았다. 심지어 "무의식적인 감각을 그냥 느끼지 마"라는 비전문가의 말도 안 되는 핀잔까지 들어봤다.

하지만 요가는 내가 느끼는 감각을 애써 없애려 하지 않되, 있는 그대로 받아들이고, 나아가 잘 흘려보내는 훈련을 하기에 적합한 수단이었다. 매트에 몸을 맡기고 몸에 느껴지는 열기, 지면과 맞닿아 있는 발바닥의 안정감, 호흡에 집중하다 보면 머릿속의 잡념과 공존하는 법을 스스로 터득하게 된다. (안타깝게도 잡념 자체를 없애는 건 내게 불가능한 일인 듯하다.)

한창 방구석 수련을 하던 당시 종종 원데이 야외 요가 클래스를 찾아가곤 했다. 바닷가, 궁궐 앞 잔디밭, 서울숲, 소나무 숲, 공원, 정자亭子 등…. 2020년 여름, 강릉 바닷가에서 처음 요가를 해본 후 그해 가을 경희궁 잔디밭에서 요가를 하는데, 내 눈앞에 있는 풀이 바람에 흔들리는 걸 보니 왠지 모르게 안도감이 솟아오르며 '다 괜찮다'는 생각이 들었다.

물론 요가를 하다 나쁜 감정이 올라올 때도 있다. 남들보다 더 많은 정보를 수용하다 보니 옆 사람의 존재 자체가 괜히 신경 쓰일 때도 있고, 강사의 가이드가 마음에 안 들어 괜히 왔다고 생각할 때도 있다. 마음이 흔들리고 있다는 얘기다. 그럴 때면 그 사실을 알아차리고 내 의식의 시선을 다시금 몸으로 돌려놓는다. 지금 내 골반이 너무 틀어지진 않았는지, 내 호흡이 너무 가빠지진 않았는지 등. 여기서 나아가 요가 강사들은 고통이라는 감각조차 섬세히 들여다볼 수 있게 지도해준다. 대개 "기분 나쁜 고통이 느껴지면 이전 단계에서 머무르고, 그런 느낌의 고통이 아니면 고통과 그로 인한 내 마음을 잘 바라봐라" 하고 안내해준다.

'바라본다'는 게 수동적이고 정적인 행위 같지만 생각보다 힘이 세다. 부정적 생각과 감정에 온통 휩싸여 있던 나는 그로부터 헤어나기 위해 발버둥 쳤다. 나도 모르게 습관이 된 불만, 짜증, 화를 알아차리면 우선 멈출 수 있다. 요동치는 마음에 휩쓸리지 않는다.

바라본 다음에는 지친 나를 달래주려 한다. 요가의 움직임 자체도 스스로를 비난하거나 평가하거나 판단하는 것과는 다소 거리가 있다. 누군가를 굳이 이겨야 하는 시스템도 아닐뿐더러 8만 가지가 넘는 걸로 알려져 있는 요가 동작 중 못하는 거 하나 정돈 누구나 있기 마련. 늘 겸손해질 수밖에 없는 이유다. 물론 어제의 나와 대결할 수도 있다. 하지만 요가 수련자 사이에는 어떤 동작을 어제는 할 수 있어도 오늘은 못할 수도 있다는 유연한 분위기가 있다. [때로는 나를 한계까지 이끌어가야만 할 때가 있다. 숙련된 강사들은 "(동작이) 되는데 왜 겁내고 있었냐", "어떻게든 만들어내라"며 상황에 맞게 적절히 지도해준다.]

우연인진 모르겠으나, 요가를 시작하고 급하게 솟아오르는 분노를 잠재운 경험이 다수 있다. 어느 날은 수업 직전 어떤 사건 때문에 기분이 너무 나빴는데, 심지어 날 열받게 한 사람한테서 수업을 받아야 했다. 수업이 시작된 후, 초반엔 요가고 나발이고 매트 찢고 집에 갈까 했지만 요가를 하면서 호흡을 하다 보니 분노가 가라앉고 이성을 되찾아, 나에게 유익이 되는 대처를 생각할 여유가 생겼다.

그 일이 있은 후 얼마 되지 않아 생긴 일이다. 속눈썹 펌 시술을 받기 직전 휴대폰 알람이 울려 봤더니 기사와 관련된 문자가 와 있었다. 이전부터 비슷한 연락 때문에 골머리를 앓아왔기에 또 분노가 치밀었다. 속눈썹 펌 시술을 받는 도중 미용사가 "고객님, 지금 눈꺼풀이 바들바들 떨려서 속눈썹 고정한 게 다 떨어지고 있어요"라고 말해주지 않았다면 내 감정을 알아차리지 못했을 것이다. 그제야 누워서 복식호흡을 했더니 거품 같은 화가 가라앉았고, 시술이 끝난 후 차분하게 잘 얘기해 좋은 마무리를 지을 수 있었다.

누가 보면 별거 아닌 경험일 수도 있다. 하지만 예민해서 쉽게 탈진하고 감정적으로 격해진 적이 많았던 나에겐 이런 경험들이 '내 정서를 스스로 컨트롤할 수 있다'는 자기효능감으로 다가왔다. 내 일상이 더 이상 남에게 흔들리지 않을 수 있다는 자신감, 앞으로의 자아 성장에 자양분이 돼준 것이다.

영화 〈백엔의 사랑〉에서 주인공 이치코는 피 터지는 경기

가 끝난 뒤 선수들끼리 서로 포옹하고 어깨를 두드리는 모습을 보고 복싱을 시작한다. 그는 복싱을 통해 자신도 모르게 젖어든 무기력과 좌절을 이겨내고 오히려 '적극적으로 패배'하는 경험을 통해 살아갈 힘을 얻는다. 그 힘은 어디서 나온 걸까. 승패와 상관없이 잘 싸웠다는 위로에서 나온 게 아닐까.

나는 전투력과 독기가 없어 복싱으로 이걸 얻진 못했다. 가냘프고 여려 보이는 이미지를 상쇄할 정도로 복싱장에 자주 나가지도 못했다. 그렇지만 내 나름의 방식으로 길을 찾았다. 요가를 통해 내 마음 상태를 객관적으로 바라볼 줄 알게 됐고, 있는 그대로의 내 모습을 받아들일 수 있게 됐다. 나아가 요동치는 내면을 조절하고 더 나은 방향으로 나아가는 힘이 생겼다.

진짜 단단함과 진짜 내공은 겉으로 보기에 굵고 길게 뻗은 가지가 아닌, 세찬 바람에도 흔들리지 않는 깊게 내린 뿌리에서 나온다. 이제 나는 그걸 알기에, 오늘도 묵묵히 내 키만 한 매트 위에서 몸과 마음을 돌본다.

혹시 '증'이 있으세요?
전 있어요, MBTI 자격증

나는 MBTI '과몰입러'다. 일회성 모임에서 만나는 사람들은 물론 회사 대표이사까지 나를 거쳐 가는 사람은 무조건 자신의 MBTI를 밝혀야 한다. 첫 만남에 상대의 MBTI를 바로 맞히는 일도 허다하다. 무엇보다 타인의 MBTI를 한번 들으면 절대 잊지 않는다. 내 옷깃을 스쳐 간 이들 중에 내가 MBTI를 아직 파악하지 못한 이는 교회 담임목사님과 재직 중인 회사 모기업 회장님뿐이다.

혹자는 "MBTI 과몰입러는 사람을 그 잣대로 평가한다"고 지적한다. 하지만 규범화 또는 범주화해서 누군가를 규정짓거나 평가하려는 의도는 없다. 다만 유난히 여리고 멘탈이 약한 INFP에게 MBTI는 마치 "너만 외딴섬에 떨어진 어린 왕자가 아니란다"라고 위로해주는 도구다. 남들보다 감각이 예민하다는 사실도, 쉽게 에너지가 소진된다는 사실도 다 내 탓이 아닌, 그저 내 성향이 그렇다는 위로. 나를 이해하고 수용할 수 있게 된 것처럼 MBTI는 인간관계가 영 어려운 내게 타인을 조금 더 편히 받아들일 수 있도록 도움을 준다.

일각에서는 비전문적이라고 비판하기도 한다. 하지만 MBTI 창시자 이저벨 마이어스(INFP)와 캐서린 브릭스(INFJ)의 수제자로서 그들을 대변하자면, MBTI는 그 시초가 되는 성격유형을 분류하던 중 1921년 카를 구스타프 융의 '심리 유형론'을 이론적 토대로 개발됐다. 마이어스, 브릭스와 융은 같은 시대 인물이다. 융의 심리 유형론은 인간 행동이 그 다양성으로 인해 종잡을 수 없어 보여도 실은 아주 질서 정연하고 일관된 경향이 있다는 데서 출발했다. 그는 인간 행동의 다양성은 개인이 '인식'하고 '판단'하는 특징이 다르기 때문이라고 봤다. 여기서의 '인식'과 '판단'이 현재 MBTI의 감각(S)과 직관(N)을 나누는 인식 기능, 사고(T)와 감정(F)을 나누는 판단 기능이다.

융의 심리 유형론을 통해 이론적으로도 탄탄해진 MBTI는 이후 MBTI 폼 A, B, C, D, E를 거쳐 1962년 폼 F가 미국 교육시험서비스Educational Testing Service, ETS에 의해 출판됐다. 현재 대중화된 정식 유료 검사는 1998년 개정된 폼 M이다. 미국에서 MBTI 개발을 처음 시작한 게 1900년이고 한국에 한국MBTI연구소가 설립된 건 1990년 6월이다. 그 나름대로 '유구한 역사'를 갖춘 정식 검사인 셈이다. 한국MBTI연구소는 김정택 전 서강대 교수(ISFP)와 심혜숙 전 부산대 교수(INFJ)가 설립했다. 모두 상담심리를 전공했다.

한국MBTI연구소는 MBTI 원저작권 소유자인 미국 CPP와의 계약 아래 어세스타에 검사 운영을 위임하고 있다. 또한 연구소의 전문 자격 교육을 받은 사람에 한해 MBTI 정식 검사의 사용 자격을 부여한다. 자격 교육을 받은 전문가는 '오리엔테이션'과 검사 결과의 '해석' 없이 단순히 검사도구를 재판매하거나 검사만 실시할 경우 전문 자격이 정지 또는 상실될 수 있다.

MBTI의 역사를 구구절절 설명했지만 한마디로 요약하자면, SNS에서 떠돌아다니는 '재미로 만든' 심리테스트와 정식 MBTI는 격이 다르다는 얘기다! 여하튼 혈액형처럼 사람을 고작 네 가지로 분류하지도 않고, 그렇다고 사주처럼 예순 개로 분류해 외우기도 어렵지 않은 MBTI는 모든 연령층이 일상생활에 쉽게 적용할 만큼 대중화됐다.

그러면 나는 왜 굳이 초급, 보수, 중급 과정에 무려 여섯 달을 투자하면서까지 MBTI 전문 자격증을 따려고 했을까. 우선 어디 가서 "나 전문가다"라고 증명하기 가장 좋은 도구가 '증' 아닌가. 자칭 'MBTI 박사'들과 구별되면서 당장 눈앞에 보여줄 수 있는 가장 좋은 무기는 결국 정식 수료증 혹은 자격증이라는 매우 속물적인 생각에 총 58만 원을 (늘 그렇듯이) 냅다 지불했다.

내가 거친 과정은 총 세 단계였다. 초급과 보수 과정을 거치면 MBTI 폼 M 검사를, 중급 과정을 거치면 MBTI 폼 Q 검사를 구매 및 해석할 수 있는 자격이 생긴다. (2025년 8월부터 한국에서는 초급, 보수, 중급 과정이 통합될 예정이다. 자세한 내용은 한국MBTI연구소 홈페이지 참조.)

우선 각각의 과정에 들어가기 전, 수강생들은 각 과정에 맞는 MBTI검사를 진행한다. 과정이 진행될수록 검사 문항은 많아지고 결과는 더 구체적이다.

MBTI 전문 자격 과정 중 시작인 초급 과정은 폼 M 자가 채점용 검사를, 그다음 단계인 보수 과정은 폼 M 온라인 컴퓨터 채점용 검사를 진행한다. 일반적으로 익숙한 '16퍼스널리티16Personalities' 결과가 백분율로 나오는 것과 달리, 정식 MBTI검사 결과는 원점수나 선호 분명도 지수로 나타난다. 우리가 흔히 온라인에서 볼 수 있는 정식 검사 결과지는 대개

컴퓨터 채점용이다. 결과지를 잘 보면 정가운데 세로축을 기준으로 양극단에 지표가 각각 쓰여 있고(E-I, S-N, T-F, J-P) 피검사자의 지표당 선호 분명도 지수가 0~30점으로 나온다.

'아, 망했다. ENFP 떴어.'

물론 나머지 지표에 비하면 선호 분명도 범주에서 매우 간당간당하게 E가 뜨긴 했다. N, F, P는 각각 '보통', '분명', '매우 분명'으로 떴다. E는 1점 차이로 '약간'이 뜬 것이다. (선호 분명도 지수는 '약간', '보통', '분명', '매우 분명'으로 이뤄져 있다.) '약간 E'든 '매우 분명한 E'든 나는 동네방네 INFP라 소문내고 다녔는데. 마음돌봄 뉴스레터에는 내 나름대로 따스함을 강조하고자(ENFP가 따스하지 않다는 건 아니다. 그저 더 정적인 INFP가 좀 더 '치유' 컨셉에 맞다고 생각할 뿐이다) "에코는 MBTI상 내향형(I)이 70퍼센트, 감정형(F)이 88퍼센트로 나오는 INFP인데요, '기자는 냉정해야 한다'는 편견이 만연한 한국 사회에서 섬세함과 따스함을 무기로 살아갑니다"라고 소개하고 있는데.

사실 대중에 알려진 ENFP의 수식어는 '인간 골든 리트리버', '재기 발랄한 활동가', '텐션 높은 흥 부자'다. 차분함과 겸손함, 따스함으로 스스로를 포지셔닝하려는 마음돌봄 뉴스레터 운영자의 이미지와는 딱 봐도 거리가 있다.

내 정체성에 위기가 찾아오면서 가뜩이나 '멘붕(멘탈 붕괴)'인데, 초급 과정에서 MBTI 전문 자격 교육 강사가 같은 MBTI끼리 모여 조별로 인사를 하라고 했다. 줌으로 만나는 상황이라 그나마 다행이라는 생각이 들었다.

여든 명 정도 되는 수강생 가운데 ENFP가 나온 사람 열 명이 모였다. 대부분 30대나 40대로 보였다. 사실 나에게는 ENFP에 대한 선입견이 있다. 착하고 속은 여리지만 이상하게 깊이 없고 괜히 시끄러운…. 아니나 다를까, 서로 인사를 하면서 까르르 웃는데 왠지 모르게 '오 마이 갓 망했다'는 생각이 들었다. 돌아가면서 직업을 얘기하는데 대부분 상담이나 교육 분야에 종사하는 사람들이었다.

'내 차례가 곧 오겠군.' 왠지 모르게 긴장을 하고 있었는데 웬걸. 내 소개를 건너뛰고 넘어가려는 게 아닌가. 비슷한 분야에 있다고 생각해서인지 서로 "청소년 교육과정은 또 뭐냐", "갤럽에서 하는 그 검사는 또 뭐냐" 등 수다를 이어가는데, '아니 지금 내 차례를 건너뛴 것조차 모르나' 싶었다.

흔치 않은 'INFP 기자' 타이틀을 잃을 위기에 처해 속상한 내 마음을 아는지 모르는지, 한 40대로 보이는 수강생이

"그런데 제가 생각하던 것보단 조용하네요. 저는 진짜 완전 깔깔댈 줄 알았는데"라고 말했다. 심지어 그의 눈망울은 랜선을 뚫고 봐도 20대를 떠나보낸 지 겨우 사흘밖에 되지 않은, 머리에 피도 안 마른 나보다 해맑고 투명해 보였다. 진심으로 놀란 느낌이었다. 하지만 그 말에도 기가 빨린 나는 저도 모르게 한숨을 쉬어버렸다.

이후 모두 한자리에서 같은 유형의 사람들 첫인상이 어땠는지 나누는 시간을 가졌다. "신기하고 반가웠습니다(ESTJ)." "편안했어요(ISFP)." "아무 생각이 없습니다(ISTP)." "나두 나두(ENTJ)." "직접 만나고 싶습니다(ENTJ)." "모두가 똑같지는 않지요(ENTJ)." 로봇의 의인화를 몸소 보여주는 ISTP, 모두 "공감이 잘돼서 좋았다"고 입을 모아 말하는데 거기다 대고 "다 똑같지는 않다"고 말할 줄 아는 패기와 여든 명 앞에서 반말을 하는 기개를 지닌 ENTJ까지. MBTI 과몰입러로선 놀랍지 않은 반응들이었다.

아예 MBTI를 모르는 이들이 있다는 전제하에 이루어지는 초급 과정이다 보니 지표와 유형을 설명하는 데 대부분의 교육 시간이 할애됐다. ENFP를 설명할 땐 '새로운 가능성에 대한 열정', '스파크', '다능인', 'N잡러', '긍정화를 넘어서다 못해 순수한 뇌를 가진 영혼', '영원한 피터 팬', 'ENFP가 웃자고 하는 소리에 ISTJ가 죽자고 달려듦' 등의 설명이 오갔다. 나와 완전히 관련 없는 얘기는 아니었다.

그중 '주입식 교육의 피해자'에 왠지 모르게 마음이 갔다. '방배 반포 압구정 대치동'을 거친 사교육의 딸로서 괜히 한마디를 거들고 싶어 채팅방에 글을 남겼다. "저는 중학생 때 선생님 말에 지방방송을 많이 해서 교무실에 몇 번 불려갔어요. 그런데 남자 선생님 짝사랑하니까 그 과목 성적이 오르던데요." 아니나 다를까. '인간 댕댕이' ENFP들이 공감된다며 열정적으로 답글을 다는 게 아닌가.

MBTI에 대해 사람들이 흔히 착각하는 게 있다. 첫째는 일할 때 모습과 평상시 모습 등 페르소나를 나눠서 검사할 수 있다는 오해다. MBTI는 선천적 선호 경향을 살피는 검사다. 현재 본인에게 심리적으로 자연스럽고 편안한 경향, 크게 의식하지 않고 습관처럼 편하게 지속적이고 일관성 있게 사용하는 경향을 선택해야 한다.

강사는 자신의 이름을 오른손과 왼손으로 한 번씩 써보라고 지시했다. 오른손잡이인 나는 오른손으로는 힘 하나 들이지 않고 편하게 이름을 쓰지만, 왼손으로 쓸 때는 힘을 줘야 글씨가 개발새발 날아가지 않는다. 이처럼 의식하지 않고 편하게 내가 뿌리를 두고 있는 타고난 경향을 검사하는 게 MBTI다. 물론 해당 유형이 성공적으로 잘 발달하느냐 여부는 환경의 영향을 받을 수 있다. 왼손잡이로 태어나 왼손을 쓰는 게 더 자연스러우나 주변 환경에 의해 오른손잡이 훈련을 오래 받아 양손 모두 자유자재로 쓸 수 있는 사람처럼 말이다.

둘째는 점수가 해당 선호 지표의 유능, 성숙, 발달 가능성을 반영한다는 오해다. 가령 MBTI 결과상 감정형(F)의 선호 분명도 지수가 '매우 분명'으로 나왔을 경우, 사고력은 낮을 것이라고 추측하곤 한다. 하지만 지수는 선호의 명확한 정도일 뿐, 점수의 높고 낮음으로 건강이나 능력을 진단하는 건 바람직하지 않다. MBTI는 그저 각 개인의 독특성과 선천적으로 타고나는 선호를 분류하는 '도구'일 뿐이다.

다른 검사들과 달리 건강과 병리를 예견하는 게 아니며 그저 '선호'가 뭔지를 분류하는, 그래서 한 개인을 더 쉽게 이해하고자 하는 게 MBTI의 목적이다. 그래서 MBTI에선 '많고 적음'의 의미가 진단적으로 사용되지 않고, '방향성'이 더 중요하게 여겨진다. MMPI처럼 인간이 소유한 특질에 관심 있는 검사에서는 점수가 '강하다'를 뜻하지만 MBTI처럼 유형 이론에 기반을 둔 검사에서는 지수가 '뚜렷하다, 분명하다'로 봐야 한다.

여기서 우리가 또 자주 범하는 오류는 "직관형이기 때문에 그런 것 같다"는 식의 판단이다. 이 부분은 특히 전문 교육 과정에서 주의할 점으로 여러 번 등장했다. 강사는 거듭 "전문가로서 내담자에게 결과 해석을 해줄 때 '당신은 직관형이기 때문에 그런 것 같다'고 판단해서는 안 되고, '그런 면은 당신의 직관으로부터 온 것 같다'는 느낌으로 상황을 풀어서 방향을 제시하세요"라고 강조했다. 해석자는 피검자가 자신의 선호를 이해하고 신뢰할 수 있도록 안내자 역할을 할 뿐, 그 유형을 직접 판단해서는 안 된다는 얘기였다.

~~~~

자격 과정의 묘미는 실습 아닌가. 폼 M을 위한 보수 과정과 폼 Q를 위한 중급 과정 모두 실습 시간이 포함돼 있었다. 실습 시간엔 교육생들끼리 짝지어 번갈아 가면서 해석자와 피검자 역할을 해본다.

나와 짝이 된 사람은 중년 여성이었다. 교육에 참여한 대부분은 상담이나 교육 전공 및 관계자라 이런 실습에 크게 어색함이 없어 보였다. 내 짝은 청소년 관련 일을 하는 사람이었는데, 자신이 일부러 말을 안 듣는 남학생 피검자 역할을 해보겠다고 했다. "검사할 때 좀 어떠셨어요? 편하셨나요?" "저 이거 검사하기 싫은데요?" "(!)" "원래 예상했던 것과 같게 나왔나요?" "저 이거 안 궁금한데요?" "…." 집에 이런 복장 터지는 아들내미가 있는 게 아닐지 심히 의심스러웠다.

피검자가 말 안 듣는 사춘기 아들내미거나 딸내미거나, 정식 검사엔 적절한 해석 가이드라인이 있다. 우선 해석자는 검사 당시 상황과 환경이 안정적이었는지, 편안한 상태였는지 물어본 뒤, 어떤 유형이 나왔는지 추측하도록 인도해야 한다. 이후 추측 유형과 검사 결과 유형이 일치하는지 확인한다. 일치한 경우든 일치하지 않은 경우든 왜 그런 생각을 하는지 묻는다. 만약 불일치일 경우 특별히 갈등이 되는 지표에 대해 구체적으로 설명해준다.

예를 들어 ISFJ라 추측한 사람의 결과가 ISTJ일 경우, "T 선호가 더 강하시네요", "T는 이런 특성이 있고, F는 이런 특성이 있어요"라는 식으로 일러준다. 또 주 기능과 열등 기능의 설명으로 불일치 이유를 탐색할 수도 있고, 혼란스러운 지표와 관련된 성장배경, 가족 환경(부모의 기대), 사회적 또는 직업적 역할과 선호 간의 갈등, 검사 당시의 상황 등을 물어볼 수도 있다. 핵심은 스스로 답을 찾도록 인도해주는 것이다.

더 나아가 해석자는 피검자의 선호를 일상의 삶을 통해 탐색해보도록 할 수도 있다. 예를 들면 '자신을 가장 잘 설명하는 유형은 무엇인가요? 이 성격유형이 맞다면 삶에서 지금 어떻게 드러나고 있나요?' 같은 질문을 던져보는 것이다. 그리고 자신이 가장 선호하는 기능과 개발해야 할 열등 기능에 대한 의견을 묻는다. 어떤 기능을 더 발달시키고 싶은지 묻거나, 열등 기능을 이런 방향으로 의식적으로 연습해보라는 식으로 방향을 제시해줄 수 있다.

여기까지만 해도 폼 M의 사용 자격은 부여된다. 내가 원했던 "나 전문가다"를 보여줄 수 있는 '증'은 이 정도만 해도 딸 수 있다는 얘기다.

하지만 MBTI 과몰입러는 안다. 무료 16퍼스널리티만 검사해도 대략적인 성향을 알 수 있다는 걸. 폼 M의 문항 수는 아흔세 개고 16퍼스널리티는 예순 개다. 큰 차이가 안 나 보인다. 심지어 정식 MBTI검사 문항은 2점 척도(양자택일)인 데 반해 16퍼스널리티는 일곱 가지 중 하나를 고르는 7점 척도다.

여기에 16퍼스널리티는 신경성 척도인 '-A'와 '-T'까지 있어서 유형 수는 정식 MBTI검사의 두 배인 서른두 개에 달한다. 뭔가 MBTI를 얼핏 아는 대중에게 "제가 딴 게 진짜예요"라며 '전문성'을 보여주기에 아쉬웠다.

이 정도에서 만족할 순 없었다. 게다가 "고작 1, 2점 차이 때문에 사람을 서로 다른 집단으로 분류한다"는 뼈아픈 반박에 재반박거리가 필요했다. 다행히도 폼 Q는 'MBTI 전문가'를 향한 내 열정을 계속 북돋아주는 훌륭한 수단이 돼줬다.

MBTI와 관련된 재미있는 밈 중에 "너 T야?"라는 게 있다. 눈치 없이 이성적 팩트만으로 찬물을 끼얹었을 때 면박 주는 상황에서 생겨난 밈이다. 그렇다면 이쯤 돼서 나올 만한 질문이 하나 있다. "너 왜 T야?"

2022년 4월부터 2023년 4월까지 총 네 번의 정식 MBTI 검사 결과에서 나는 INFP와 ENFP가 각각 두 번씩 번갈아 나왔다. E와 I의 선호 분명도 지수는 언제나 그렇듯이 '약간'. N은 네 번 모두 '보통'에, F와 P는 '분명'과 '매우 분명'을 왔다 갔다 했다.

바깥 활동을 열심히 하지만 철저히 혼자만의 시간에 에너지를 충전하는, 고독을 좋아하지만 외로운 건 싫어하는, 안정적인 걸 지향하지만 낯선 경험에 온몸을 맡기는 걸 마다 않는, 진지하고 속 깊은 대화를 선호하지만 쓸데없는 수다를 즐기는, 그런 혼란스러운 내 마음을 더 알고 싶었다.

그리고 타인이 보는 다양한 내 모습에 대한 변명거리가 필요했다. 조용하고 차분하지만 사람 사귀는 걸 마다하지 하고, 사려 깊고 신중히 행동하지만 때로는 열정이 넘치고 모험적인 행동을 즐기고, 에너지가 많진 않지만 외부 세계에 대한 상호작용에 흥미를 느끼는 모순적인 모습들. 지인들은 나를 "INFP라고 하지만 모든 MBTI의 특징이 한 스푼씩 담겨 있는 듯한 다채로운 사람", "MBTI의 여덟 가지 지표를 모두 다 쓰되 정작 본인의 진성眞性은 INFP라는 걸 너무 잘 아는, 줄기를 지키되 곁가지를 쓰는 사람"이라고 말한다.

단순히 '때로는 I, 때로는 E구나'라고만 생각하기엔 다소 아쉬웠다. 대체 어떨 때 외향적이고 어떨 때 내향적인지 궁금했다. 나란 존재의 복잡성과 다채로움에 호기심이 생겼다.

무엇보다도 왜 나는 다른 INFP와 달리 SNS를 열심히 하는지, 나를 드러내고 소소하게 관심 받는 걸 좋아하는지, 다른 ENFP와 달리 차분하고 사색을 좋아하는지 이해되지 않았다.

MBTI 유행 현상을 부정적으로 보는 이들이 자주 지적하는 지점도 이와 맞닿아 있다. 인간은 모두 다양한데 어떻게 평가된 틀 안에 가두냐, 혹은 어떻게 단순하게 열여섯 가지 유형으로 범주화할 수 있냐는 주장이다. 또 '구분 짓기'에 대한 비판도 있다. 외향형이냐 내향형이냐는 구분, 사고형이냐 감정형이냐는 구분처럼 과도하게 편가르기를 한다는 지적이다.

MBTI 폼 Q는 이런 궁금증과 쓴소리에 맞설 탁월한 방패막이다. 같은 유형 내에서의 개인차에 대한 새로운 이해, 선호 분명도 지수가 왜 높고 낮은지에 대한 새로운 이해를 제공한다는 게 폼 Q의 목적이다. 연구소가 "폼 M이 엑스레이라면 폼 Q는 MRI"라고 비유하는 까닭이다.

중급 과정에서 다루는 폼 Q는 폼 M의 결과에서 나온 성격유형의 다면적 특성을 기반으로 한다. 쉽게 말하면 폼 M의 심화 과정이다. INFP 같은 선호 지표와 선호 분명도 지수(0~30점)만 나오는 폼 M과 달리 폼 Q 결과지에는 선호 지표별로 다섯 개의 다면 척도가 추가돼 있다.

얼마 전, 폼 Q 결과지를 받자마자 탄성을 질러버렸다. ENFP가 나와서가 아니었다. 왜 내가 E와 I 지표 사이에서 스스로 헷갈려했는지 명확히 드러나서였다.

나는 다소 '수동적(5점 만점에 1점)'이며 '밀접한 관계(1점)'를 추구하고 '반추적(0점)'이고 '정적(1점)'이지만 '매우 표현적(4점)'인 사람이었다. 즉 모르는 타인이 있는 상황에서 주도적으로 대화하기보다는 소개받는 걸 선호하고, 다수의 관계보다는 소수의 관계에서 편안함을 느끼고, 언어표현이 많거나 활기차기보다는 진중하고 차분한 편이지만, 기꺼이 내 감정을 드러내고 타인을 쉽게 신뢰하고 흥미를 분명히 표현한다는 뜻이었다.

실제로 난 에너지 소진이 빠른 편이고 심리적으로는 내향적일 때 편안하지만 스스로를 드러내는 데 전혀 거리낌이 없다. '소심한 관종'이라고 나를 설명하기도 한다. 내가 얻은 깨달음, 내 사소한 일상과 흥미를 분명히 표현하다 못해 "이걸 보기 싫으면 그냥 날 차단해!"라고 친구들한테 농담하기도 한다. 타인을 쉽게 신뢰하고, 타인도 나를 알기 매우 쉽다.

그래서 나의 경우 E와 I 지표 안에 있는 척도 다섯 가지 중 네 가지는 I 지표를 향하고 있지만(물론 그마저도 높게 나온 건 아니지만) '표현적'이라는 지표만 거의 만점 수준으로 E 지표를 향했기 때문에 결과적으로 E가 나왔다고 해석할 수 있다.

MBTI에서는 자신의 심리 경향에 대한 인식과 그에 따른 긍정적 강화가 깊을수록 스스로를 믿고 반대 경향을 발달시킬 욕구와 힘이 커진다고 한다. 나는 N, F, P 지표에서는 일관된 편이지만 I 지표에서는 유연하게 상황에 대응할 수 있는 사람이다. 이렇게 스스로에 대한 심리적 경향성을 잘 알 때, 의식적으로 반대 지표도 이용할 수 있고 또 경직되거나 혼란에 빠질 위험에서 벗어날 수 있다.

───

 여기까지 읽었다면 MBTI에 진심이든 아니든 '이 사람이 어디까지 가나 보자' 하는 생각이 들지도 모르겠다. 사실 한때 나는 MBTI에 '과몰입'하다 못해 '맹신'까지 했다.
 이상형 질문이 나오면 늘 이렇게 답한다. 무조건 MBTI상 E와 T가 동시에 있어선 안 된다. (나와 연애 관계로 발전할 가능성이 없는 사람들에게는 해당되지 않는 기준이다.) INFP인 내가 E와 T가 공존하는 사람을 만나면 상대의 기에 눌릴 게 뻔히 보였기 때문이다. 가뜩이나 남과 있을 때 에너지를 소진하는 편인데 감성마저 통하지 않는다고 생각하면 아찔했다. 칭찬과 위로만 해줘도 자존감이 높아지지 않는 나인데, 만약 상대가 공감이 아닌 논리로만 나를 대한다면? 상상만 해도 빨리 헤어지고 싶었다.
 하지만 최근 호되게 '거울치료'를 하면서 이런 '맹신'도 내려놓게 됐다. 〈나는 솔로〉의 한 여자 출연자가 MBTI '신봉러'로 나왔는데, F 성향인 그는 썸을 타는 T 유형 상대에게 두려움 내지 거부감을 느꼈다. 이유는 공감을 제대로 안 해줘서였다. 말을 할 때마다 "F와 T가…"라고 해서 "FT아일랜드냐"는 댓글이 많이 달렸다. 오죽하면 MC 데프콘이 "망할 놈의 MBTI, 지긋지긋하다"며 "○○ 씨 덕분에 MBTI에 학을 뗐다"고 했을까.

공감 능력이 떨어지는 이들에게 던지는 '너 T야?'라는 밈은 하다 하다 'T발X'까지 진화했다. 감성적인 MBTI로 알려진 'INFP(인프피)'는 '씹프피'로 조롱받는다.

아뿔싸, 자칭 'MBTI 전문가'라는 사람이 MBTI와 관련된 가장 흔한 오류를 범하고 있었다. F고 T고 P고 J고 결국 MBTI는 "사람의 '선호'에 따른 차이와 갈등을 이해하고자" 만들어졌는데, 서로를 이해하기는커녕 '능력'의 유무로 재단하거나 일방적 의사소통을 정당화하는 도구로 사용되고 있었고, 내가 그 오류를 만들어내는 데 앞장서고 있었다니.

그래서 과감하게 이상형 목록에서 MBTI 항목을 지웠다. 이 글을 쓰는 지금 다시 한번 다짐한다. MBTI를 나와 타인을 잘 이해하기 위한 도구 그 이상으로도 이하로도 쓰지 않겠다고. 그리고 세상에 외쳐본다. "'씹프피' 혐오를, T 혐오를, 아니 그냥 다른 MBTI 혐오를 멈춰주세요."

증 없어서
또 공부하러 갑니다

기자 일을 하면서 개인적으로 진부하다고 느낀 표현이 있다. '선한 영향력'이 그랬다. 개인이든 단체든 각자 나름대로 사회에 큰 도움을 주고 싶다는 마음을 어필할 때면 늘 언급되는 표현이다.

마음돌봄 분야에서도 참 자주 나오는 말이 '상처 입은 치유자'다. 20세기 대표적인 현대 영성가 헨리 나우웬의 책 제목이기도 한 이 표현은 삶에서 많은 상처를 받아본 사람이 이 시대와 타인의 상처를 보듬는 치유자로서 살아간다는 뜻으로 자주 사용된다. 실제로 나우웬은 젊은 시절 심리학 교수이자 학자로 일하다가 신의 부르심에 따라 빈민가 거주민과 발달장애인을 섬기며 산 인물이다.

"저는 상처 입은 치유자입니다."

역시 사람은 겸손하게 살아야 한다. 나도 몰랐다. 진부하다고 생각했던 이 표현을 상담심리대학원 여러 곳에 지원하기 위한 자기소개서 첫 줄마다 사용하게 될 줄은.

마음돌봄 뉴스레터를 쓰면서 주야장천 들어온 말이 "쟤가 전문성이 있어?"였다. 젠더 전문 기사를 쓰면 여성학 학위를, 기후 전문 기사를 쓰면 환경학 학위를, 의학 전문 기사를 쓰면 전문의 자격증을, 마음돌봄 전문 기사를 쓰면 심리학 학위를 가져야 하는 것인가?

그랬다. 다른 분야는 몰라도 심리 분야는 그랬다. 심리 분야에서는 워낙 비전문가들이 판을 치며 돈을 벌다 보니 마음돌봄 뉴스레터 운영자인 내가 전문성을 가져야 독자들에게 조금 더 당당하게 콘텐츠를 전할 수 있겠다는 생각을 했다.

…라는 말은 멋들어진 핑계일 뿐. 사실 나는 퇴사를 하고 싶었다. 혹자는 '마음돌봄 전문기자'로 잘나가던 중에 웬 뜬금없는 소리냐고 할 수 있겠으나 언론사에서 일하는 삶이 벅찼다. 늘 나 자신과 내 콘텐츠의 존재감을, 효용성을, 가치를 입증해야 했고, 일각에서 제기하는 '저 부서, 저 코너 없어도 되지 않냐'와 싸워야 했다. 구성원들 간 긴장, 불안, 압박과의 싸움이 유독 흔한 이곳에서 계속 버틸 수 없겠다는 느낌이 들었

다. 실은 '퇴준생(퇴사를 준비하는 직장인)'으로서의 행보였다. 일터에서 '치유하는 터전'을 꾸려가던 나는 일상에서 점점 고갈되고 있었다.

───

조금은 자만했다. 언론사에서 심리 분야를 전문적으로 다루는 기자가 많지 않다는 자부심이 있었다. 더군다나 주간·일반대학원이 아닌 야간·특수대학원이라 본업이 있는 사람들도 많이 지원하기에 '나 정도 스펙이면 대학원들이 나를 모셔 가겠지'라고 착각했다.

결과는 지원한 세 군데 중 한 곳만 합격이었다. 가장 가고 싶었던 대학원을 포함해 두 곳은 (자존심 상하게도) 추가 합격이었다. 회사도 문 닫고 들어오더니 대학원도 문 닫고 들어가는구나. 자만과 패기와 턱끝까지 차오른 퇴사 욕구만 갖고 있던 나는 안일하게 면접에 응했다.

한 곳에서는 이런 질문을 했다. "석사 공부를 해서 상담을 할 것은 아니고 기사에 써먹겠다는 거군요?" 자존심 상하는 질문이지만 뼈 있는 한마디였다. 그리고 내 나름대로 반성했다. 누구는 상담심리를 공부해서 타인을 살리고자 하는 절박한 마음으로 올 텐데 나는 그저 유사시, 아니 퇴사 시 대비용으로 대학원 문을 두드리다니. 그렇게 개강 직전 원하는 대학원의 합격 연락을 받은 나는 우여곡절 끝에 상담심리 대학원생이 됐다.

　대학원에 입학한 후 한동안 "업보 청산 중"이라는 말을 입에 달고 살았다. 업보가 맞긴 하다. 낮에는 회사에서 성실히 전쟁과 미국 대통령선거 등 국제 뉴스 기사를 쓰고, 퇴근 후 부랴부랴 대학원으로 달려가 상담심리를 공부하는 이중생활을 자발적으로 하다니. 해가 지기 전까지는 대통령선거를 앞둔 도널드 트럼프의 발언을 듣고 해설 기사를 써내고, 해가 진 후 대학원 '이상심리학' 수업 시간에 자기애성 성격장애 유형을 공부하면서 트럼프를 떠올리는 식이다. 심지어 N잡러로 돈을 벌기는커녕 내 돈 몇백만 원을 학기마다 바치면서 이 모든 걸 했으니.

　그럼에도 불구하고 이 업보 청산 활동은 심리상담을 받은 것, '터치유'라는 마음돌봄 뉴스레터 브랜드를 만든 것과 함께 성인이 된 뒤 가장 잘한 일이라 자부한다.

전공자로서 공부를 한다는 건 단순히 내담자로서 상담을 받고, 관련 기사를 써내는 것과는 비교할 수 없는 수준의 깊이로 들어가는 일이었다. 물론 나는 지금도 상담심리 공부를 막 시작한 석사과정 학생에 불과하지만, 이전에는 선무당 축에도 끼지 못하는 수준이었다는 걸 깨달았다.

전문가의 길은 멀고도 험했다. 단순히 이론 공부를 마치고 논문을 쓰는 것 외에도, 내담자들의 사례를 함께 공부하는 공개 사례 발표를 참관(비밀 보장은 필수다!)하고, 상담 실습을 일정 회기 이상 해내고, 슈퍼비전을 통해 끊임없이 자신의 상담 실력을 되돌아보며, (MMPI, SCT, HTP, 로샤Rorschach 등 실제 임상 현장에서 사용되는) 심리검사를 실시한 뒤 해석 상담을 제공하되 이 또한 슈퍼비전을 받아야 한다. 이외에도 좋은 전문가가 되기 위해 '내돈내산'으로 한국상담심리학회 또는 한국상담학회의 각종 학술 행사와 워크숍을 들어야 하는 등 넘어야 할 산이 너무나 많았다.

한국상담심리학회의 상담심리사 2급 자격증을 취득한다 하더라도, 1급 자격증을 따기 위해선 추가로 수련과 학술 및 연구 활동을 해야 한다. 더 나아가 수련감독자(슈퍼바이저)와 주수련감독자(자격 심사 추천 자격자) 자격까지 따려면 석사과정 입학부터 아무리 짧아도 10년은 잡아야 한다.

석사과정 1학기에 수업을 듣던 중 교수님이 자기 사생활 얘기를 하다가 갑자기 허탈함 내지는 멋쩍음이 담긴 웃음을 지으면서 말했다. "제가 보기에 전문가는 그 분야의 모든 실패를 다 해봐서 전문가라고 하는 거 같아요."

어느 날은 한국상담학회 회원 신분을 유지하기 위해 어떤 교수님의 화상강의를 수강한 적이 있는데 도입부에서 이런 말을 들었다. "전문가와 아마추어의 차이는 '설명을 할 수 있느냐'예요. 알고 있지만 설명을 할 수 없다면 아마추어라 해야겠죠. 불안을 설명하고, 불안이 어떻게 병리적으로 진행되는지, 또 사례에서 이걸 어떻게 응용할지 설명할 줄 알아야 합니다."

상담 전문가 특유의 온화함, '지옥에서 올라온 천사' 같은 단호함, 경험에서 나온 내공이 동시에 느껴지는 말이었다.

일각에서는 상담심리 분야에서 '학력 인플레'가 너무 심하다고 지적하기도 한다. 하지만 상담심리 분야 전문가가 제공하는 서비스는 일상적인 고민 상담 같은 대화와 코칭, 멘토링과는 다르고, 달라야 하기에 어쩔 수 없다고 생각한다. 전공서적《상담의 실제》에서는 "상담은 도움을 필요로 하는 사람과 상담 전문가가 상담관계를 맺고, 당면한 문제의 해결을 추구할 뿐만 아니라 문제가 심각해지는 것을 예방하고, 상담경험을 통해 심리적인 측면에서의 발달과 성장을 이루어가는 과정"(19~20쪽)이라고 말한다. 그리고 "상담자의 전문적 지식은 상담의 원리 및 실제 방법을 포함해 인지, 발달, 성격심리, 신경심리학, 조직심리, 적응 및 이상 심리 등 인간 이해를 위한 심리학적 지식, 그리고 심리평가 및 진단능력, 다문화적 이해능력, 의사소통능력, 관계능력, 자기 이해 및 성찰 능력 등을 핵심으로 한다"(22쪽)고 설명한다. 인간의 심리적 특성과 정신병리의 전문가가 되려는 과정이다 보니, 자격 급수와 상담 경력에 대한 기준과 책임이 명확할 수밖에 없다. 그래서일까. 자기 나름의 허울을 내세워 자격 없이 상담 또는 심리 전문가라고 주장하는 사람들을 보면 화가 난다.

대학원을 다니며 오해를 푼 측면도 있다. 원래 나는 요가나 명상 업계(?)에서 심리학을 기반으로 했다며 전문가 행세를 하는 이들을 '꼴 보기 싫다'고 생각했다. 그런데 상담심리치료 이론 가운데 제3세대 인지행동치료라는 게 있었다. 이는 마음챙김, 수용, 정서 표현 등을 통합한 새로운 인지행동치료를 말한다. 서양식 심리치료의 딜레마를 마음챙김이 극복할 수 있게 도와준다는 점에서, 실제 현장에서 마음챙김에 근거한 심리치료가 새롭게 주목받고 있었던 것이다.

이상심리학 강의를 듣다가 이런 일도 있었다. PTSD를 다루는 날이었는데 트라우마 치료법 중 하나로 '소매틱'이 소개

됐다. 소매틱은 몸의 통증이 PTSD와 무의식에 머물러 있는 마음의 문제를 드러낸다는 시각을 가리키는데, 교수님은 근래 트라우마 치료에서 주요하게 떠오르는 관점이라고 했다.

피트니스 업계 종사자 또는 체육학 전공자가 소매틱을 접목하는 경우가 많아지면서 '심리치료를 돕는다'는 문구가 영 거슬리던 참이었다. 강의가 끝나자마자 교수님을 30분 넘게 붙잡고 물었다.

"요즘 운동 쪽에서 소매틱을 결합해 자신들이 트라우마를 치유할 수 있다고 하는데 그걸 전문가라 볼 수 있을까요?"

"음, 그냥 전문 분야가 다른 거죠. 둘 다 치유를 못한다고 할 수는 없어요."

교수님은 정의와 직업의식에 불타는 학생의 갑작스러운 질문에 약간 당황한 듯했으나 이내 여유가 넘치는 답을 내놓았다. 아, 진짜 전문가는 심리학 외부의 전문 분야도 존중하는 느긋함이 있구나. 그제야 내가 '선무당 중 최고 레벨'이라는 착각에 빠져 있었음을 깨달았다.

공부의 깊이가 깊어질수록 내면의 소용돌이도 심해졌다.

상담을 꽤 오래 받아왔고 내면을 돌아보는 여러 활동에 거침없이 투자해왔기 때문에, 학기 중에 또 새로운 차원에서 내면의 역동이 일어나고 또다시 내 무의식을 들여다보리라고 전혀 예상치 못했다.

상담 현장에서는 상담가들의 자기분석을 매우 강조한다. 상담자도 인간인지라 무의식의 영향을 많이 받기 때문이다. 또 역전이(상담자 내면의 갈등이 무의식에 반영된 채 내담자에게 반응하는 것)가 발생할 수도 있다. 그러면 상담자 자신도 모르게 내담자에 대해 중립적이지 못한 태도를 가질 수 있고, 내담자를 공감하고 이해하는 데에도 어려움이 생긴다. 한 교수님은 "상담자로 발을 내디딘 초기에 자기 이해를 확장하는 게 매우 중요합니다. 후기로 갈수록 자신을 이해하고 바꾸는 게 더 어렵거든요"라고 했다.

그나마 뇌가 말랑할 석사과정 1학기에 내면의 소용돌이를 겪어서 다행이라고 해야 하나? 마음돌봄 기사만 2년 반 동안 쓰다가 국제부로 발령받아 적응하는 와중에, 일과 학업을 병행하는 고충을 감내하는 와중에, 도통 이전만큼 소개팅 애프터가 들어오지 않아 자존심에 금이 가서였을까. 아니면 생각보다 원가정과 초기 생애 애착 경험이 중요하다는 걸 배우게 돼서였을까. 사라진 줄 알았던 내 안의 분노의 '칼춤'이 학기가 진행되면서 다시 시작됐다.

나는 주변 사람들은 물론 그냥 지나가는 행인에게까지 단순한 아쉬움을 넘어 불쾌함까지 느꼈다. 사람들의 의도를 부정적으로만 해석했고, 자꾸만 분노와 짜증이 치밀어 올랐다. 결국 엄마와 함께 외출한 날, 나도 모르게 엄마에게 짜증을 냈고, 이유 없이 조절 안 되는 짜증에 눈물을 겨우 참으며 집으로 돌아왔다.

그제야 원가정을 대하는 내 마음이 새롭게 보이기 시작했다. '강해져야 한다', '당하고 살면 안 된다'는 핵심 신념이 사실은 원가정 내 이런저런 면 때문에 비롯했다는 사실이 구체적으로 눈에 들어왔다. 그러자 불똥이 엄마한테 튀었다. "왜 엄마는 나 화장실 가려고 할 때 화장실 가?" "나 혼자 밥 먹고 싶은데 엄마는 왜 나 밥 먹으려고 할 때 밥 먹어?" …부끄럽게도 다 큰 30대가 사춘기 소녀처럼 황당한 패륜 멘트를 쏟아내기도 했다.

놀랍고 소름 끼치는 사실도 발견했다. 나는 '약해지면 안 돼', '강해져야 해', '내가 나를, 우리 가족을 보호해야 해'라는 핵심 신념을 안고 살아왔는데, 이게 무의식적으로 기자직에 대한 열망으로 이어졌다. 어렸을 때부터 내 눈엔 언론사 기자가 강한 또는 강해질 수 있는 좋은 직업으로 보였다. 그런데 강약 구도와 정글 같은 사회의 최전선인 언론계에서 나는 그 핵심 신념을 끊임없이 확대 재생산하고, 주 감정인 분노를 계속 자극받고 있었다.

아직도 전공 서적에 나온 케이스나 새로운 이론을 배울 때면 괜히 모든 게 내 얘기처럼 느껴져 자극을 받기도 한다. 하지만 알아차리면 이전처럼 휩쓸리지 않는다는 걸 알기에 더 이상 겁먹지 않고 그저 내 안의 목소리를 잘 들어주려고 한다. 그리고 어쩌면 이제는 이런 부정적인 역동을 직면하고 버텨낼 줄 아는 내면의 힘이 세진 걸지도 모르겠다.

자칭 '선무당 중 최고 레벨'도 결국 선무당일 수밖에 없다. 서툴고 미숙한 초기 상담 전공생이 하는 실수를 역시나 나도 하고 말았다. 내 나름대로 이런저런 이론과 지식이 쌓이니 주변 사람들의 방어기제와 패턴이 자연스레 눈에 들어왔다. 그리고 그게 굉장히 거슬렸다. 충분하지 않은 근거로 오만 추측과 분석을 하기 시작했다. 그걸 지적해주고 싶다는 마음도 솟구쳤다.

하루는 상담 선생님한테 이런 마음을 털어놨다. "누구는 자꾸 투사를 하고 누구는 합리화를 하고, 사람들이 자기 지키려고 하는 패턴들을 콕 집어서 '당신들은 그래 봤자 미숙한 인간들'이라고 알려주고 싶어요."

선생님은 박수를 치면서 이렇게 얘기했다. "그게 바로 초심 상담자의 고비예요!"

그러다 결국 사달이 났다. 나는 그간 불만을 품고 있던 지인에게 그의 패턴을 직면시켜주고야 말았고, 사건이 터진 뒤 오히려 내게 뿌리 깊게 박혀 있던 '세상을 전투 태세로 바라보는 대상관계적 패턴'을 마주하고야 말았다.

학위와 자격증을 따서 앞으로 뭘 할 거냐는 질문을 자주 받는다. 진짜로 '마음돌봄 전문기자', '심리학적 시선을 가진 저널리스트'로서 연구자 및 현장 전문가와 교류하면서, 상담심리적 접근이 필요한 정책 이슈를 다루며, 사회적 갈등 속에서 인간 심리의 작용을 분석하는 기사를 쓰게 될까. 아니면 언론계 경력을 바탕으로 직장 생활에서 고군분투 중인 내담자를 더 잘 이해하는 상담심리 전문가로서 새로운 길을 걷게 될까. 아니면 갑자기 로또 당첨이 돼서 회사도 때려치우고 상담심리 석사를 '비싼 취미'로 겸하는 돈 많은 백수가 될까.

사실 현재 특별한 소명이 있는 건 아니다. 나는 극한의 업무 스트레스가 오면 언제든 퇴사를 고민하는, 당장 1년 후 뭘 하고 있을지 알 길이 없는, 올해 퇴직금이 얼마나 나올지 계산하는 월급쟁이일 뿐이다.

다만 앞으로 남은 인생에서 유일하게 장담할 수 있는 건 있다. 내가 직접 겪은 고통과 좌절, 삶의 모순과 아픔, 그리고 그 속에서 찾아낸 치유, 성찰, 회복의 단서들을 통해 주변 사람들과 조금 더 진솔한 이야기를 꾸준히 해나갈 것이라는 사실이다.

에필로그

날 살린 건 다정함이었다

난생처음 F코드를 부여받기 직전의 어느 날, 가까운 지인에게 처음으로 마음의 힘듦을 털어놓자 이런 답이 돌아왔다. "누가 너처럼 마음을 그렇게 들여다보고 사니?"

글쎄다. 유독 예민하고 섬세해서 남들은 무심코 지나갈 작은 것들에 신경이 쓰이고 자연스럽게 정신도 마음도 많이 흔들리는 사람이 바로 나다. 안 들여다보고 싶어도 내 의지와 무관하게 느껴지는 '느낌적 느낌'을 느끼지 않을 수는 없다.

정말 '끝이 있긴 할까' 싶을 정도로 마음의 문제가 반복되는 구간을 지나, 빛이 보이는 터널 출구에 가까이 다다랐다고 할 수 있는 지금, 나는 단언할 수 있다. 마음은 눈에 보이지도 않고 당장의 일상생활에 즉각 영향을 미치지도 않지만, 누군가를 죽이고 살리는 것도 결국 마음이라고.

취약해진 마음을 끌어안고 아등바등 산 게 만으로 9년이 넘어간다. 그중 3년은 뭐가 문제인지도 모른 채 자책하고 때로는 타인의 무시와 질타도 받으며 풀리지 않는 내면의 고통 때문에 홀로 힘겹게 방황했다. (혹시나 나처럼 청년기에 이런 시간을 보내고 있는 사람이 있다면, 전문가를 꼭 찾아가면 좋겠다.)

물론 어떤 상태인지 솔직하게 바라보고 회피하지 않는 나의 용기도, 더 나아지려고 부단히 애써온 나의 끈질긴 의지도 굉장히 중요했다. 하지만 사람들의 다정한 마음이 없었다면 절대 혼자서는 이 터널을 헤쳐 나오지 못했을 것이다.

너무 긴 터널을 지나 오며 긴장이 풀려서였을까. 마음돌봄 뉴스레터를 시작한 지 얼마 되지 않았을 무렵, 갑작스럽게 번아웃이 찾아왔다. 회사에서 준 소중한 기회가 왔는데 열의 넘치게 좋은 기획을 추진하기는커녕 마감도 겨우겨우 해냈다. 지각을 하기도 했다. 내가 왜 이러는지 도무지 알 수가 없었다.

무기력이 은둔으로 바뀌는 건 순식간이었다. 침대에서 몸을 일으키는 것은 물론, 병원에 가야 하는 상황에 대중교통을 타기도 어려웠다. 가족들이 "제발 10분만이라도 아파트 근처를 산책하고 와라"고 할 정도였다. 그 누구보다 부지런하게 움직였던 나인데 나도 내가 이해되지 않았다. 군것질도 그렇게 좋아했는데 하루에 단 한 끼, 그것도 우유 한 잔만 겨우 삼킬 정도로 모든 의욕을 상실했다. 할 수 있는 건 그저 침대에 누워서 오지 않는 잠을 기다리며 눈을 감는 것뿐. 그렇게 일상생활이 점점 무너져갔다.

당시 친해진 지 얼마 되지 않았던 아는 언니가 이런 문자를 보냈다.

"성원아, 지금 너에게 주어진 복을 누려봐. 힘든 부서에서 잘 맞는 부서로 옮겼고, 워라밸(일과 삶의 균형)도 괜찮고, 좋은 팀장도 만났고, 살도 빠지고 얼굴도 예뻐졌는데(사실 무기력 때문에 밥을 안 먹어 강제로 비자발적 다이어트 중이었다), 누릴 줄을 모르네."

"그러게요."

"설마… 힘든 상황에서 쾌감을 느끼는 스타일이니? (웃음)"

"전혀 아닌데 뭔가 힘든 상황을 너무 오랜만에 벗어난 느낌이에요. 좋은 걸 평생 못 누려봤나 봐요."

"응. 네가 말한 것처럼 이런 호시절이 처음이라 어떻게 누릴지를 잘 모르는 거일 수도."

언론사 취업이든 기자 업무든 인간관계든 애면글면 살다가 좋은 상황이 찾아왔는데 내 마음은 여전히 깊고 어두운 터널 속에 있었다. 나는 이 사실이 너무나 큰 충격이었다. 마음이 지옥에 너무 오래 있다 보니 좋은 게 와도 누리긴커녕, 오히려 쫓아낼 뻔했다니.

무기력에 빠져들면서도 열심히 잘 살아보려고 목표를 세웠는데 이마저도 자꾸 지키지 못하니 서서히 자괴감과 자기혐오에 빠지기 시작했다. 방 밖으로 나가는 건 물론이고 몸만 일으켜 침대 옆 커튼을 치는 것조차 힘들던 그 시기, 오지 않는 잠을 기다리며 '이러다 죽겠다', '이렇게 죽어가는 건가', '그냥 계획도 세우지 말자, 어차피 못 지킬 건데', '내가 원하던 걸 하게 됐는데도 왜 이러지'라는 자조적인 체념과 자기 혐오만 되풀이했다.

그랬던 나를 다시 세상 밖으로 꺼내준 건 다름 아닌 주변 사람들의 진심 어린 걱정과 돌봄이었다. 나에게 충격적인 조언을 해줬던 그 언니는 아침마다 내게 출근 인증 사진을 보내라고 했다. 모닝콜을 해준 지인도 있었다.

그렇게 조금씩 환경에 변화를 주면서, 짧은 외출이라도 성공한 나 자신을 칭찬하고 응원해주다 보니 무기력이 찾아온 지 두 달 만에 일상이 회복됐다. 그제야 내게 주어진 호시절을 제대로 누릴 수 있었다. 감사, 기쁨, 아픔의 승화 등 이전에는 뜬구름 잡는 소리라거나 정신 승리라고만 생각했던 가치들이 눈에 들어오기 시작했다.

F코드를 부여받기 전 마음의 어려움 때문에 일상생활이 조금씩 힘들어지기 시작했을 무렵부터 나를 끊임없이 괴롭혀왔던 생각이 있었다.

'왜 나는 젊고 예쁘고 철없을 나이에 이렇게 맘고생을 하면서 살아야 할까. 나도 그냥 이 나이대 또래들처럼 편하게 살 수는 없을까.'

'차라리 평생을 나 잘난 맛에 살다가 쉰 살쯤 고난이 오는 편이 낫지 않았을까. 나는 왜 20대 초중반부터 이런 생각을 해야만 할까.'

'나도 차라리 다른 애들처럼 이기적으로 나만 생각하고 살 순 없을까. 왜 그렇게 나 자신은 못 돌보면서 타인만 바라보며 살았을까.'

'위축된 채 사는 것보다 차라리 교만 속에서 살아가는 게 낫겠다. 교만한 사람이 겸손해지는 게 자기 비난하는 사람이 자기 돌볼 줄 알게 되는 것보다 쉽지 않을까.'

그런데 무슨 귀신이 씌었는지, 호시절을 꼭꼭 씹으면서 누리자 이런 생각들이 하나씩 고쳐졌다. 고쳐졌다기보다는 날 괴롭힌 이 전제들에 대한 반박들이 머릿속에서 생겨났다.

'그나마 뇌가 말랑말랑한 20대에 이런 아픔을 느낄 줄 알아서 다행이다. 뇌가 다 굳고 책임져야 할 게 많은 시기에 어려움이 왔다면 더 심하게 몸부림쳐야 했을 것이다. 그리고 그나마 체력이 좋은 20대에 매도 먼저 맞는 게 낫다.'

'이기적이고 교만한 사람들이 더 잘 살아가는 것 같아 보이지만, 오히려 그들이 스스로를 더 힘든 방향으로 몰아가는 것일 수도 있다. 결국 그런 사람들은 타인과 세상이 외면한다.'

'자기를 깎아내리는 게 익숙한 사람들이 자기를 돌볼 줄 알게 되는 것, 자기를 높이는 게 익숙한 사람들이 자기를 낮출 줄 알게 되는 것. 둘 다 힘들지만 자기 과잉 시대에는 전자가 더 희귀하다.'

배우 엄정화 씨가 가수 정재형 씨의 유튜브 채널에 나와 "내로라하는 작가와 감독의 작품을 한 적이 없는 게 내 결핍이었는데 노희경 작가의 작품인 드라마 〈우리들의 블루스〉를 통해 이를 채웠다"고 밝힌 적이 있다. 예능 프로그램 〈온앤오프〉에 출연한 자신을 보고 노희경 작가가 캐스팅했다는 사실을 알게 됐다고, 배우 경력에 지장을 줄까 봐 거절하려 했던 예능 출연이 또 다른 기회가 됐다며 이렇게 말했다.

"내가 살면서 한 모든 선택에서 잘못된 건 하나도 없는 것 같은 거야. (중략) 내가 보낸 시간, 버릴 게 하나도 없네. 나중에는 뭐든 어떤 결로든 온다, 기회가."

굳이 방송기자로 사회생활을 시작해야 했을까. 첫 정규직 기자로 일했던 지역방송사에서의 6개월이 너무나도 힘들었다. 굳이 이런 시간이 필요했을까. 눈물도 많이 흘리고 속도 많이 끓였지만 그 시간이 있었기에 방송사와 방송기자에 대한 미련을 버릴 수 있었다.

굳이 기자 커리어를 쌓아야 했을까. 맞지 않는 옷을 입고 있다는 생각에 괴로웠지만 간절히 원했던 커리어를 얻었기에 '하는 일마다 꼭 실패한다'는 잘못된 신념을 버릴 수 있었다. 언론사에 몸담았기에 유리멘탈인 내게 필요했던 억척스러움과 철면피스러움을 (미약하게나마) 가질 수 있었다.

굳이 그 연인을 만나야 했을까. 흑역사만 남은 것 같지만 그 사람을 만났기에 나에게 어떤 온도의 만남이 필요한지 확신을 가질 수 있었다.

굳이 그 부서를 지원해야 했을까. 물경력이 될 수도 있지만 그 부서를 겪었기에 내가 무엇을 잘하는 사람인지 알 수 있게 됐다.

나를 넘어지게 하는 돌부리가 걸림돌에 그치지 않게 한, 아니 오히려 돌부리를 디딤돌 삼아 한 단계 더 발전할 수 있게 한 힘은 어디서 나왔을까. 누군가가 이 과정을 대신해줄 수는 없다. 하지만 절대 혼자서 해낼 수도 없다. 따스한 시선과 다정한 말 한마디, 넘어져도 옆에서 묵묵히 기다리며 던져주는 응원과 위로가 모였기에 가능한 일이다.

인생이라는 게 참 재미있다. 살기 힘들 땐 세상이 날 어떻게든 끌어내리려 하는 느낌이었는데, 일이 잘 풀리자 세상이 어떻게든 도와주려 하는 느낌이 들었다.

힘들게 올라간 면접 단계에서 죄다 떨어져 기자 준비를 그만둬야 하나 고민할 때 이미 기자가 된 지인이 이렇게 얘기한 적이 있다. "위로의 말이 아니고, 네 장점을 알기 때문에 네가 기자가 될 거라고 믿어 의심치 않아." "나도 내 장점이 뭔지 모르겠는데?" "네가 그걸 끄집어내면 돼. 결국 있어, 장점이."

휴직을 한 후 퇴사를 고민하던 내게 어떤 어른은 "어차피 100퍼센트 순수한 팩트란 건 없다. 그냥 성원 씨가 그 어떠한 제약이 없다고 가정했을 때, 진정 원하는 게 뭔지 고민해봐" 하고 가볍게 조언했다. 재미있는 사실은 나를 살린 말을 해준 사람들은 자신이 이런 인생의 명언을 남겼다는 사실조차 잊고 있다는 것이다.

명설교에서나 나올 법한 조언과 격려도 왕왕 들었다.

기자 4년 차, 직업적 고충을 열심히 설명했더니 이런 물음이 왔다.

"그렇게까지 힘든데 꼭 해야 하는 이유가 있었나요?" "소명이라 생각하고 꾹 참고 했어요." "소명도 소명 나름인 게, 기쁨이 내 안에 있어야 소명이에요."

분명 어두운 터널을 지나 회복으로 나아가고 있는 것 같은데 어느 순간 고통이 반복되는 패턴으로 괴로워하자 이런 얘기도 들었다.

"새사람(회복 이후의 모습)이 됐다고 옛사람(회복 이전의 모습)이 사라지는 건 아니에요. 옛사람의 모습도 긍휼히 여기고 품어주세요."

다정한 마음이라고 꼭 MBTI상 F스러워야 하는 건 아니다. (물론 밑바닥에 있던 나를 세워준 이들은 대부분 'NF'이긴 했다. 심지어 ENFJ들은 모두 자기 앞에 놓인 밥을 먹지도 않고 내 얘기를 들어줬다!) 무뚝뚝하다 못해 '날 싫어하는 건가'라는 생각이 들 정도로 무심해 보였던 이들이 나를 위한 마음을 꾹꾹 눌러 담아뒀다가 보여준 적도 있었다. 좋은 퍼포먼스를 내기는커녕 멘탈 문제로 휴직계를 냈다가 회사로 복귀한 상황, 나는 인사 평가가 어떻게 나올지 정말 두려웠다. 그 당시에는 너무나 창피하다고 느꼈던 평가였는데 시간이 꽤 지난 지금 다시 보니 당시 부서 선배의 츤데레(?)적 면모가 느껴진다.

"부서 이동이 있었고, 이후 건강상 문제로 초기에 출입처를 장악하는 데 애로가 있었습니다. 그러나 기본적으로 잘해보고자 하는 의지가 강한 만큼, 여건이 갖춰지면 늦지 않은 때에 성과를 올릴 수 있을 것으로 생각합니다." 그리고 그는 속도가 아닌 방향이 중요하다며 개인적인 응원의 메시지도 보내줬다.

내가 무너질 것 같을 때 그냥 지나쳐도 될 SOS에 바로 응답해준 이들, 잘 못해도 격려와 위로를 통해 내 장점을 끄집어내준 이들, 때로는 다정한 언어로 때로는 침묵으로 그저 묵묵히 함께 있어준 이들이 결국 날 살렸다.

하지만 언제까지 이들에게 또는 상담 선생님에게 24시간 도움을 요청할 순 없지 않은가. 이제는 내가 나에게 다정해질 차례다.

물론 나처럼 타인을 신경 쓰느라 자기 자신을 돌보는 게 영 어색한 부류도 있을 것이다. 나는 초기 상담에서 매일 나를 다그쳐야만 하는 이유에 대해 말한 적이 있다. "나를 다그치고 혼내야 다음번에 이런 상황이 왔을 때 더 잘 대처할 수 있을 것 같아요."

매번 당황하고 놀란 내 마음을 진정시키기는커녕, '너는 왜 그때 이렇게 대처하지 못했니'라며 스스로를 책망했다. 그러나 놀랍게도 적절한 대처는, 진짜 내 주장을 펼치는 것은, 내면의 나를 달래준 다음에야 가능해졌다. 당황했던 감정을 먼저 살피고, 놀란 나를 위로하고 내가 내 편이 돼줬을 때 대처도 자기주장도 잘할 수 있게 되더라.

지금은 그걸 잘 아는데도 삶의 과제 앞에서 문득 '나는 왜 여전히 남들보다 못하는 게 많을까', '나는 왜 아직도 나 자신을 잘 보호하지 못할까', '나는 왜 아직도 가야 할 길이 많이 남았을까'라는 생각을 하곤 한다. '착한 아이 콤플렉스'를 가진 것도 힘든데 또 이걸 갖고 있다는 사실마저 콤플렉스가 되어 이중으로 스스로를 옥죄기도 한다.

하지만 그럴 때마다 이렇게 생각하려고 한다. '나는 남을 많이 배려하는 따듯한 마음을 가진 사람이구나', '나는 지금 다른 사람들의 인정과 배려를 원하고 있구나'….

밑바닥 시절, 내 옆에서 비난이나 정죄定罪가 아닌 그저 묵묵히 함께 있어주는 것으로 날 세워줬던 이들에게 제대로 보답하기 위해서라도 이제는 내가 내게 다정해지려고 한다.

"날 힘들게 하는 저것들은 밑바닥에서부터 회복하는 이 길을 꼭 경험하면 좋겠어요. 내면으로 들어가서 찢어지는 느낌의 이 고통을 꼭 느껴보면 좋겠어요."

이런 무시무시한 말을 지인한테 한 적이 있다. 여기서 포인트는 '회복'이 아니라 밑바닥에서 올라올 때의 '고통'이었다. 그때 지인은 이렇게 대답했다. "성원이 너는 인류애가 넘친다. 나는 그냥 저렇게 자기는 문제가 없다고 생각하는 저 상태로 쭉 살다 가면 좋겠는데."

생각해보면 상하고 낮은 마음을 경험해보는 건 기나긴 인생에서 축복일 수도 있다. 지금까지 껍데기만으로 살아왔다는 걸 깨닫고 알맹이를 채워나가는 과정은 진정한 삶을 되찾는 길이기 때문이다.

겉으로 봤을 때 별문제가 없는 사람도 자세히 보면 뿌리가 말라 있는 경우가 얼마나 많은가. 가만히 있기만 해도 눈 뜨고 코 베어 가는 세상. 끝없는 비교와 평가가 만연한 사회에서 쉼 없이 달리다 탈진해버리는 게 유별난 것도 아닌 세상. 사람들은 몸이든 마음이든 어느 한 곳이 망가져야 내면의 열등감과 불안, 두려움을 직면하게 된다. 밖으로 향한 시선을 안으로 돌려 자기 자신과 대면하고, 상황 또는 외부의 평가와 관계없는 나만의 주관을 갖춰간다. 그렇게 넉넉해진 내면으로 세상과 깊이 소통하게 된다면, 그 과정이 고통스러울지라도 결국 행복해지는 길이고, 나아가 이 세상을 회복시켜주는 길 아닐까.

자신을 직면할 자신이 없어서 늘 남 탓을 하고 남을 보면서 자기 위안거리로 삼는 사람들은 당장은 정신 승리를 하며 행복할 수 있겠다. 나는 우스갯소리로 종종 "학교 성적, 대학 이름, 직장 이름, 배우자 외적 조건, 자식, 나아가 손자 손녀까지 내세워 남과 비교하면서 자기만족 찾는 사람들은 노인정 가서도 '너는 아들딸이 은니 해줬니? 나는 금니 해줬는데'로 정신 승리를 할 것"이라는 얘기를 하곤 한다. 하지만 결국 그 쳇바퀴를 끊임없이 굴려야 하는 스스로가 제일 손해일 듯싶다. 흔들리지 않는, 진정한 행복을 느끼지 못하니까. 그러고 보니 나는 내가 미워하는 이들에게 저주가 아닌 축복을 하고 있었던 셈이다.

미국의 유명 심리치료사 메건 더바인은 《슬픔의 위로》에서 이렇게 말한다.

"인생을 통째로 바꿔버리는 슬픔 또는 고통은 보듬는 것이지 극복하는 것이 아니다. 아무리 오래 걸린다 해도 당신의 마음과 정신은 기괴할 정도로 황폐해진 풍경 한가운데에서 새 삶을 빚어낼 것이다. (중략) 그것은 오직 당신 자신이 빚어낸 인생이다. 당신이 살아갈 인생이기에 그 어떤 인생보다 아름다울 것이다."

_메건 더바인, 김난령 옮김, 《슬픔의 위로》(반니, 2020), 29쪽

자기 돌봄과 자기 성찰에서 나아가 유대감과 연대감을 쌓는 것은, 더 넓어진 시선으로 이 세상을 바라본다는 것은, 가슴이 갈기갈기 찢겨본 후 회복의 길을 걷는다는 것은, 이전과는 삶의 차원이 달라지는 일인 듯하다.

다정한 마음이 모여서 날 일으켜 세워줬듯이, 나도 이제는 다른 이들에게 다정함을 베풀 때가 된 것 같다. 나와 남을 원망하는 건 실컷 해봤으니, 조금은 다정한 시선으로 세상을 바라보려 한다. 이 작은 시선이 세상을 조금이나마 살 만하게 해주길 바라면서.

감사의 말

내게 2022년은 수십 년이 지나도 잊을 수 없는 한 해로 기억될 것 같다. 그해 3월까지는 갑작스러운 무기력에 혼란스러웠지만, 이후에는 눈에 띄는 회복과 외적인 성과들이 하나둘씩 나타나기 시작했다.

그중 하나가 위즈덤하우스에서 온 메일이었다. 내 인생 버킷 리스트인 출간 제안이 이렇게 빨리 올 줄은 몰랐다. 그리고 책을 쓰는 일이 이렇게 고된 작업일 줄도 몰랐다. 나라는 재료의 가능성(?)을 먼저 알아보고 연락을 주셨으며, 3년에 걸친 지지부진함과 징징거림을 (ISTJ임에도 불구하고) 인내심 있게 받아주신 남은경 편집자께 진심으로 감사드린다. 나조차도 미처 알지 못했던 나의 장점과 재능을 알아봐주셔서 고맙다.

첫 직장이었던 방송사 최종 면접 때 "나 자신에게 A, B, C 등급을 준다면?"이라는 질문을 받고 "P. Potential"이라고 답했던 기억이 난다. 유리멘탈이었던 나는 '회사 금쪽이' 시절을 피할 수 없었지만, 그럼에도 불구하고 격려와 위로, 칭찬을 통해 내 잠재력을 세상 밖으로 꺼내 보이도록 이끌어주신 김혜영 선배, 박지연 선배, 기회를 주신 이영태 국장 등께도 깊은 감사를 드린다. 이외에 익명의 '찡동(찡찡이 동료들)', 어쩔 줄 몰라 헤매던 나에게 따뜻한 밥 한 끼 사주며 말없이 다독여주신 많은 선배들께도 고맙다. 선배들이 나에게 해주셨던 역할을 이제는 내가 후배들에게 해줄 때가 됐다는 생각에 약간은 아찔하다.

그리고 나의 상담 선생님들께도 감사하다. 내가 가진 자원을 먼저 알아봐주시고, 그 작은 씨앗에 물을 주셨기에 이렇게 푸릇푸릇한 이파리로 자랄 수 있었다.

혹시라도 나의 부족함 때문에 실족했거나 그럴 뻔했던 이들이 이 책을 읽게 된다면 이 자리를 빌려 사과의 말을 전하고 싶다. 민폐를 끼치고 받는 세상이라지만, 나로 인해 마음의 상처를 입은 이들이 없기를 간절히 바란다.

그리고 너무나도 예민한 사람과 함께 사느라 애써주시고 지금도 애쓰고 있는 우리 가족들께도 미안하고 고맙고 사랑한다는 말을 전하고 싶다. 또한 이 책에 종종 등장하는 허브교회 사역자분들과 형제자매님들께도 감사드린다.

무엇보다 치명적인 장점과 단점을 골고루 섞어 부족한 나를 이 세상의 일꾼(일은 좀 덜 시켜주십사 하는 마음도…)으로 불러주신 나의 조물주 하나님께 모든 영광을 돌린다.

참고 자료

글로리아 마크, 이윤정 옮김, 《집중의 재발견》(위즈덤하우스, 2024)
라르스 스벤젠, 이세진 옮김, 《외로움의 철학》(청미, 2019)
리단, 《정신병의 나라에서 왔습니다》(반비, 2021)
메건 더바인, 김난령 옮김, 《슬픔의 위로》(반니, 2020)
문요한, 《나는 왜 나를 함부로 대할까》(해냄, 2022)
박연준, 《소란》(난다, 2020)
브레네 브라운, 서현정 옮김, 《수치심 권하는 사회》(가나출판사, 2019)
브레네 브라운, 이은경 옮김, 《진정한 나로 살아갈 용기》(북라이프, 2018)
이규미, 《상담의 실제》(학지사, 2022)
정명원, 《친애하는 나의 민원인》(한겨레출판, 2021)

김보라 연출, 영화 〈벌새〉(2019)
타케 마사하루 연출, 영화 〈백엔의 사랑〉(2014)
'Z세대 3대 욕구: 식욕 수면욕 그리고 셀프 분석 욕구!?' '셀프 분석

세대' 리포트'(캐릿, 2023년 8월 9일) www.careet.net/1153

고기자 인스타그램 www.instagram.com/gogizanim_
김유진 변호사 인스타그램 www.instagram.com/mslegalstory
밝은책방 인스타그램 www.instagram.com/brightbooks_law

'요정재형' 유튜브 채널 엄정화 출연 편 youtu.be/VxbJYtX6vLs?si= 0ZksLuNL6kASTLdW

심리검사 관련 내용은 검사지와 다음 사이트 등을 참고했다.
- 한국NVC센터 악플세탁소 홈페이지 www.365warmword.org
- K-OCEAN: (주)인사이트심리검사연구소 inpsyt.co.kr/psy/item/view/KOCEAN_CO_SG_Col
- MBTI: (주)한국MBTI연구소 www.mbti.co.kr
- TA: (사)한국교류분석협회 ta.or.kr
- TCI: (주)마음사랑 maumsarang.kr/maum
- WPI: WPI심리상담코칭센터 www.wpicenter.com/bbs/page.php?hid=wpi_03

마음이 고장 났어도 고치면 그만이니까

초판 1쇄 인쇄 2025년 8월 12일
초판 1쇄 발행 2025년 8월 27일

지은이 손성원
펴낸이 최순영

출판2 본부장 박태근
경제경영 팀장 류혜정
편집 남은경
디자인 윤정아

펴낸곳 ㈜위즈덤하우스 **출판등록** 2000년 5월 23일 제13-1071호
주소 서울특별시 마포구 양화로 19 합정오피스빌딩 17층
전화 02) 2179-5600   **홈페이지** www.wisdomhouse.co.kr

ⓒ 손성원, 2025

ISBN 979-11-7171-481-0 03810

- 이 책의 전부 또는 일부 내용을 재사용하려면 반드시 사전에 저작권자와 ㈜위즈덤하우스의 동의를 받아야 합니다.
- 인쇄·제작 및 유통상의 파본 도서는 구입하신 서점에서 바꿔드립니다.
- 책값은 뒤표지에 있습니다.